《跟我学汉语》同步阅读

第三册

伏学凤　编著

人民教育出版社

编委会	陈绂　王若江　陈颖　尚平　伏学凤
本册编者	伏学凤

责任编辑	施歌　王世友
封面设计	房海莹
版式设计	房海莹

图书在版编目（CIP）数据

跟我学汉语同步阅读. 第三册/伏学凤编著. —北京：人民教育出版社，2019.1
ISBN 978-7-107-33309-5

Ⅰ.①跟… Ⅱ.①伏… Ⅲ.①汉语—阅读教学—对外汉语教学—教材 Ⅳ.①H195.4

中国版本图书馆CIP数据核字（2019）第003757号

跟我学汉语　同步阅读　第三册

出版发行	人民教育出版社
	（北京市海淀区中关村南大街17号院1号楼　邮编：100081）
网　　址	http://www.pep.com.cn
经　　销	全国新华书店
印　　刷	人民教育出版社印刷厂
版　　次	2019年1月第1版
印　　次	2019年2月第1次印刷
开　　本	890毫米×1 240毫米　1/16
印　　张	7
字　　数	140千字
定　　价	40.00元

版权所有·未经许可不得采用任何方式擅自复制或使用本产品任何部分·违者必究
如发现内容质量问题、印装质量问题，请与本社联系。电话：400-810-5788

前　言

欢迎并感谢您使用《跟我学汉语·同步阅读》!

《同步阅读》是为了配合国际汉语教材《跟我学汉语》(第二版)而研发的配套资源,是面向海外中学汉语学习者的课外阅读材料,主旨是引导学习者自主学习,培养阅读习惯、训练阅读能力、拓宽知识面,在阅读中习得汉语,逐步提高汉语水平。

《同步阅读》有如下特点。

一、与教材同步互补

《同步阅读》共四册,与《跟我学汉语》(第二版)1—4册学生用书相匹配,在话题的选择与语言的难易程度上保持一致,涉及的词语与学生用书相应单元基本同步,确保语言材料的易读性,但阅读面适当扩大。为了保持阅读材料的趣味性与连贯性,同时达到与教材互补的目的,《同步阅读》的课文在词汇量上有所拓展。《同步阅读》与学生用书各单元的对应关系详见每册的"使用说明"。

二、话题与内容真实有趣

《同步阅读》旨在提供内容广泛、生动有趣的阅读材料,以提高学习者的阅读水平。我们选取了海外中学生感兴趣的多元话题,采用自主编写或改写真实文本的方法处理阅读材料,语言清新、幽默,用现代场景讲述今天的中国故事,用一个个小故事展现出一幅幅生动的画面,呈现出不同文化的特色,让学习者在阅读中感受到读书的快乐,进而增强他们学习汉语、了解中华文化的兴趣。为增加文化元素、培养学习者跨文化交际意识,在《同步阅读》三、四册各课之后还增加了文化介绍和文化对比的内容。

三、词汇与句型实用，与HSK大纲接轨

《同步阅读》主要供学习者在课外阅读，目的是复现常用句型及词汇，并做适当扩展，进一步提高他们的阅读能力。阅读材料中各课所涉及的词汇和句型都以学习者在学完学生用书后已经掌握的知识为基础，同时增加了一定数量的、用中文进行相关话题交际时最需要、最常用的内容。编写时，我们参考了国家汉办最新版《HSK考试大纲》，严格控制词汇和句型的分布，使学习者能够学以致用。我们的预期是，学习者通过课外阅读和自主学习能达到稍高于相应学生用书的水平，即学完《同步阅读》第一册达到HSK二级、学完第二册达到HSK三级、学完第三册达到HSK四级、学完第四册达到HSK五级。因此，《同步阅读》既可以与《跟我学汉语》（第二版）1—4册学生用书配合使用，也可以作为汉语学习者的分级阅读材料单独使用。

四、培养阅读习惯与策略训练并重

培养中学生的阅读习惯具有成就其终身学习的意义。为了培养学生良好的阅读习惯，《同步阅读》每篇阅读材料均逐层配有理解题，引导学生思考；每课材料后还设置拓展题，以提高学生在现实生活中阅读汉语材料的能力。在《同步阅读》中，我们有意识地将阅读知识与策略有序地纳入其中，使学习者在阅读中逐步提高阅读能力。比如，一、二册重点训练词语理解能力，材料中适当增加了语素猜词、族群类推词语等环节；三、四册在限时阅读的基础上进行理解并概括大意、提取主题词等策略训练。除此之外，还介绍了流畅性阅读、联想阅读、记忆阅读等策略。

五、练习体现任务要求

为了更好地达到通过阅读提高学习者汉语水平的目的，我们设计了形式多样、难易适度的练习。其中既有旨在检测阅读理解能力的知识性、操作性习题，又有旨在指导学习者掌握学习策略的训练性习题，还有旨在培养学习者发散性思维的思辨性习题，以及旨在培养学习者进行跨文化交际的理解性习题。设计这些练习的宗旨就在于让学习者在趣味阅读的同时，通过完成多种实用型任务，提高自己运用汉语解决问题的能力。

有了这套《同步阅读》，相信汉语学习会更加生动有趣。阅读可以提高学习者的自信，激发自主学习的积极性，给学习生活带来无限乐趣！

编写组
2018年5月

第三册使用说明

《同步阅读》第三册共12课，与《跟我学汉语》（第二版）第三册学生用书保持同步，二者的具体对应关系如下。

学生用书			同步阅读	
第一单元	美云一家	1. 她从香港来 2. 这个城市和香港不一样 3. 弟弟的宠物	1.1	故乡
			1.2	陌生的老邻居
			2.1	邻居的钥匙
			2.2	忠犬八公
第二单元	娱乐休闲	4. 我也想到中国去 5. 我喜欢京剧的脸谱 6. 昨晚我只睡了四个小时	3.1	登天都峰
			3.2	愉快的上海之行
			4.1	跑酷少年
			4.2	图书管理员
第三单元	两代人	7. 我很烦 8. 我该怎么办 9. 望子成龙	5.1	父亲不写信
			5.2	镶牙
			6.1	爷爷的变化
			6.2	最疼爱我们的老人
第四单元	多元文化	10. 婚礼的"颜色" 11. 不同的节日，同样的祝贺 12. 你更喜欢吃哪一种菜	7.1	请客
			7.2	请为你的夸奖道歉
			8.1	意大利饭店用餐新规定
			8.2	你去"跑马"了吗
第五单元	饮食与健康	13. 我把菜谱带来了 14. 一次体检 15. 妈妈减肥	9.1	"麻婆豆腐"的由来
			9.2	厨房风波
			10.1	给爸爸的一封信
			10.2	为什么吃素

续表

	学生用书		同步阅读	
第六单元	环境与交通	16. 这里的环境太糟糕了 17. 喂，您不能在这里停车 18. 谁破坏了我们的家	11.1 11.2 12.1 12.2	旅途中的糟糕事 最后的停车位 试验旅游 大熊猫回老家

《同步阅读》第三册每课包括两篇叙述体阅读材料，课文内容以现代生活为主。课文篇幅为350—450字，不再标注汉语拼音。每篇阅读材料后有"阅读理解"，供学习者参考。各课生词为《学生用书》第三册对应单元以及已学单元中未出现过的词语。专有名词在课文中以脚注的方式出现，附拼音及英文。《同步阅读》第三册同样也很注重学生用书中各课语言点的复现。

每课阅读材料后均设有两道练习题：第一个是"拓展练习"，本册重点介绍阅读策略，旨在培养学习者解决阅读中可能碰到的字、词、句、段等各方面问题的能力，切实提高阅读水平；第二个是"文化点滴"，内容包括中国传统文化、风俗习惯、现代生活、流行时尚等，帮助学习者在全球共融共通的背景下认识、体验现代中国。

目 录

第一课
1.1 故乡 …… 1
1.2 陌生的老邻居 …… 4

第二课
2.1 邻居的钥匙 …… 8
2.2 忠犬八公 …… 11

第三课
3.1 登天都峰 …… 15
3.2 愉快的上海之行 …… 18

第四课
4.1 跑酷少年 …… 23
4.2 图书管理员 …… 26

第五课
5.1 父亲不写信 …… 30
5.2 镶牙 …… 33

第六课
6.1 爷爷的变化 …… 37
6.2 最疼爱我们的老人 …… 40

第七课
- 7.1 请客 …… 44
- 7.2 请为你的夸奖道歉 …… 47

第八课
- 8.1 意大利饭店用餐新规定 …… 50
- 8.2 你去"跑马"了吗 …… 53

第九课
- 9.1 "麻婆豆腐"的由来 …… 57
- 9.2 厨房风波 …… 60

第十课
- 10.1 给爸爸的一封信 …… 64
- 10.2 为什么吃素 …… 67

第十一课
- 11.1 旅途中的糟糕事 …… 72
- 11.2 最后的停车位 …… 75

第十二课
- 12.1 试验旅游 …… 79
- 12.2 大熊猫回老家 …… 82

词语表 …… 87

第一课

1.1 故乡

阅读提示
Reading tips

故乡存留着一个家族的历史或一个人有关童年的记忆。不论走到哪里、走多远，人们都会对故乡念念不忘。旅居海外的游子世世代代对故乡都有一种特殊的感情。

在温州①的南部，有一个小镇，名字叫玉壶②。玉壶的街道干净整洁，到处是草地和鲜花，一条小溪穿过小镇，风景非常漂亮。

今年暑假，一百二十多个从小生活在海外的华裔孩子来到了这个美丽的小镇。这些吃惯了西餐、说着外语的孩子们为什么会不远万里来到这里呢？其实，他们不是来旅游，而是回家。

十六岁的小雪③来自意大利④。这是她第一

---

① 温州，Wēnzhōu，the City of Wenzhou.
② 玉壶，Yùhú，Yuhu Town.
③ 小雪，Xiǎoxuě，person's name.
④ 意大利，Yìdàlì，Italy.

次来到玉壶，所以非常好奇。她随身带着相机，拍了很多照片。她说："玉壶是爸爸的家乡，是爸爸出生和生活过的地方，我要好好记录这里的一切。"

来自西班牙①的小林②则是第五次来玉壶。小林在玉壶出生，但很小的时候就离开了。长大以后，只要有时间，他都会回到这里。他说他要好好了解自己的故乡，还要给西班牙的朋友们介绍故乡的风景和文化。

孩子们说，玉壶是他们的故乡，不管走到哪里、走多远，故乡都会在这里等待着，等他们回家。

（根据周琳子等《海外华裔青少年文成寻根　故土等你归来》改写）

---

① 西班牙，Xībānyá，Spain.
② 小林，Xiǎo Lín，person's name.

词语表 / New words

1	故乡	gùxiāng	hometown
2	南部	nánbù	southern part
3	小镇	xiǎozhèn	town
4	街道	jiēdào	street
5	整洁	zhěngjié	clean and tidy
6	到处	dàochù	everywhere
7	小溪	xiǎoxī	brook, stream
8	海外	hǎiwài	overseas
9	华裔	huáyì	foreign citizen of Chinese origin
10	惯	guàn	be used to
11	西餐	xīcān	Western food
12	外语	wàiyǔ	foreign language
13	其实	qíshí	actually; in fact
14	来自	láizì	come from
15	好奇	hàoqí	curious
16	随身	suíshēn	have sth. with oneself
17	相机	xiàngjī	camera
18	一切	yíqiè	everything
19	长大	zhǎngdà	grow up
20	不管	bùguǎn	regardless of
21	等待	děngdài	wait for

阅读理解 / Reading comprehension

1. 玉壶是什么样的地方？在哪里？

2. 小雪从哪里来？她为什么要拍很多照片？

3. 小林是第一次来玉壶吗？他为什么来玉壶？

4. 孩子们是来玉壶旅游的吗？他们对玉壶有怎样的感情？

5. 你的故乡在哪里？那儿怎么样？你对故乡有怎样的感情？

1.2 陌生的老邻居

阅读提示 / Reading tips

现代城市里，高楼大厦林立，居住在公寓楼里的人们各自忙碌着，邻里之间的关系怎么样呢？

琼斯①先生和太太住在一栋公寓楼里。公寓楼很高，住户很多，但琼斯夫妇和其他住户很少来往。

一天，琼斯先生和太太正在准备搬家，门口堆满了行李和包裹。这时，门铃响了。琼斯太太打开门，看到一位中年妇女站在门外，她说她是住在隔壁的邻居。

琼斯太太邀请她进来，并向她道歉说："真对不起，屋里太乱了，我们正在收拾行李，没地方坐。"

中年妇女说："噢，没关系，你不用客气，刚搬进来的时候都这样。我来这儿，只是想欢迎你们成为我的邻居。"

---

① 琼斯，Qióngsī，Jones.

琼斯太太奇怪极了:"你说什么?"

中年妇女说:"欢迎来到我们的公寓。希望我们以后相处愉快,像好朋友一样,你们一定会喜欢这儿的。"

听到她这样说,琼斯夫妇相互看了一眼,感到非常惊讶。

琼斯太太说:"可是,夫人,我们不是新搬来的,我们在这儿已经住了两年了,现在正要搬走呢。"

中年妇女:"啊?"

词语表 New words

1	陌生	mòshēng	strange; unfamiliar
2	栋	dòng	measure word used for housing
3	公寓	gōngyù	apartment
4	住户	zhùhù	household
5	夫妇	fūfù	husband and wife
6	来往	láiwǎng	contact
7	堆	duī	store up
8	行李	xíngli	luggage
9	包裹	bāoguǒ	parcel
10	门铃	ménlíng	doorbell
11	中年	zhōngnián	middle age
12	隔壁	gébì	next door
13	道歉	dàoqiàn	apologize
14	屋	wū	house
15	乱	luàn	mess
16	收拾	shōushi	arrange
17	噢	ō	oh
18	刚	gāng	just
19	相处	xiāngchǔ	get along
20	相互	xiānghù	each other
21	感到	gǎndào	feel
22	惊讶	jīngyà	surprised
23	夫人	fūrén	wife; Mrs.

阅读理解 Reading comprehension

1. 琼斯先生和太太住在哪里？他们和邻居的关系怎么样？

2. 隔壁的邻居为什么来琼斯先生家？

3. 听了邻居的话，琼斯夫妇为什么感到很惊讶？

4. 你家和邻居的关系怎么样？

一、拓展练习

阅读时，我们常常会遇到一些不认识的词，这时我们可以利用字的偏旁来猜测这个词大概的意思。请仿照例子，找出下列画线汉字中表达意义的偏旁，并写出包含这个偏旁的其他汉字。

例：一条小溪穿过小镇，风景非常漂亮。

溪——（氵）——（江、河、海）

① 一见面，他们就热情地握手，紧紧拥 抱在一起。

握、拥、抱——（　　）——（　　　　）

② 孩子们都非常兴奋，在操场上奔跑、跳 跃，欢声笑语不断。

跑、跳、跃——（　　）——（　　　　）

③ 这真是一次愉 快的旅行，我们都非常开心。

愉、快——（　　）——（　　　　）

④ 为了出入方便，每排四合院之间要留出通 道，这种通道就叫"胡同"。

通、道——（　　）——（　　　　）

二、文化点滴

北京的胡同

说到北京，就不能不说"胡同"。

过去，北京是由千万个大大小小的四合院组成的。为了出入方便，每排四合院之间要留出通道（tōngdào, passageway），这种通道就叫"胡同"。为什么叫"胡同"呢？有人认为"胡同"是蒙古语（Měnggǔyǔ, Mongolian）"水井"的音译。

北京有多少胡同呢？据统计，现在北京有名称的胡同大约四千个。大大小小的胡同组成了古老又现代的北京城，胡同里面是无数温暖的家。

北京人对胡同有着特殊的感情。但是，随着城市的现代化，很多四合院被拆除（chāichú, pull down）了，有的胡同也因此消失了，胡同的数量逐年下降。要不要保护胡同，这成了很多北京人难以选择的问题。你怎么看？

2.1 邻居的钥匙

阅读提示
Reading tips

俗话说"远亲不如近邻"。你相信你的邻居吗?有困难的时候,你会请邻居帮忙吗?

"你会把钥匙交给你的邻居吗?"有一次,我的朋友李林①这样问我。

"当然不会。"我毫不犹豫地回答。

"可是,我的邻居把他家的钥匙给我了。"

他的邻居叫汉森②,平时也没什么交往。可是有一天,汉森突然来找他帮忙,说他们一家要到外地旅游,一个月以后才能回来,希望李林能帮忙照顾一下他们的热带鱼。

---

① 李林,Lǐ Lín,person's name.
② 汉森,Hànsēn,Hansen.

"你同意了？"我感到很好奇。

"我是有点儿犹豫，可看到汉森先生信任的目光又不忍拒绝。"李林回忆说。

就这样，汉森先生把家里的钥匙交给了李林。

"汉森的家怎么样？"

"非常漂亮，而且摆着很多值钱的宝贝。"

"是吗？汉森先生不担心他的宝贝吗？"我开玩笑地问李林。

李林笑起来，说："他为什么要担心呢？如果担心就不会把钥匙给我了。"

李林确实没有辜负汉森的信任，他把热带鱼照顾得很好，直到汉森先生一家回来。后来，李林和汉森先生一家成了非常好的朋友。

词语表 New words

1	钥匙	yàoshi	key
2	毫不犹豫	háobùyóuyù	without hesitation
3	回答	huídá	answer
4	平时	píngshí	at ordinary times
5	交往	jiāowǎng	contact
6	外地	wàidì	other places
7	照顾	zhàogù	take care of
8	热带鱼	rèdàiyú	tropical fish
9	信任	xìnrèn	trust
10	目光	mùguāng	eyesight
11	不忍	bùrěn	can not bear
12	拒绝	jùjué	refuse
13	回忆	huíyì	recollect
14	摆	bǎi	arrange
15	值钱	zhíqián	valuable
16	开玩笑	kāi wánxiào	joke
17	确实	quèshí	indeed
18	辜负	gūfù	let down

阅读理解 Reading comprehension

1. 汉森是谁？他要李林帮什么忙？

2. 李林同意帮忙吗？为什么？

3. 汉森为什么能放心地把钥匙交给邻居？

4. 你愿意把家里的钥匙交给邻居吗？为什么？

2.2 忠犬八公

阅读提示
Reading tips

狗是人类的好朋友，人与狗之间曾发生过很多感人的故事。

上野①先生是一所大学的教授。他收养了一只小狗叫"八公"。

每天早上，八公都准时和上野一起出门去车站，送上野上班；每天傍晚，八公都准时出现在车站门口，迎接上野下班。

有一天，上野先生像往常一样去上班，但八公却和往常很不一样，它不愿意送上野去车站。到了车站后，为了不让上野离开，它还主动表演了捡球，这是上野教了它好久而它一直不愿意做的事。看到八公学会捡球了，上野很开心，但他还是去上班了。就在这一天，上野因突发心脏病死亡，再也没有回来。

下班的时间到了，八公像往常一样来到火车站。可是，这一次，它没有等到上野。第二天，第三天，从春天到夏天，再到秋天和

---

① 上野，Shàngyě, Ueno, person's name.

冬天，在九年的时间里，八公每一天都准时来到车站等候，直到它死去。

人们都被它的忠诚感动，叫它"忠犬八公"，还做了一座雕像立在车站广场。

词语表
New words

1	所	suǒ	measure word used for universities, hospitals ect
2	教授	jiàoshòu	professor
3	收养	shōuyǎng	adopt
4	准时	zhǔnshí	on time
5	车站	chēzhàn	station
6	傍晚	bàngwǎn	at dusk
7	出现	chūxiàn	appear
8	往常	wǎngcháng	as usual
9	主动	zhǔdòng	on one's own initiative
10	捡	jiǎn	pick up
11	好久	hǎojiǔ	long time
12	突发	tūfā	erupt
13	心脏病	xīnzàngbìng	heart disease
14	死亡	sǐwáng	die
15	等候	děnghòu	await
16	忠诚	zhōngchéng	faithful
17	雕像	diāoxiàng	sculpture
18	立	lì	set up

阅读理解
Reading comprehension

1. 八公是谁？

2. 八公对上野怎么样？平时有什么表现？

3. 上野先生去世的那一天，八公有什么特殊的行为？

4. 人们为什么要给八公立雕像？

5. 你喜欢狗或其他宠物吗？为什么？

一、拓展练习

阅读中，有些汉字形体相近但意义不同，很容易造成理解错误。如果你能注意到它们偏旁的不同，就可以大致区别它们的意思。

比如"住"和"往"，看起来差不多。但是"住"的左边是"亻"，所以它的意思应该和"人"有关，常见的词语有"住处""住在哪儿""居住"等；"往"的左边是"彳"，所以它的意思和"道路"有关系，常见的词语有"来往""过往""往东走"等。

你能根据偏旁猜出这些汉字和什么有关吗？试着写几个包含这些字的词语。

例：住（住处、居住）　往（来往、过往）

① 城（　　　）诚（　　　）

② 波（　　　）披（　　　）

③ 拒（　　　）柜（　　　）

④ 跑（　　　）泡（　　　）抱（　　　）

⑤ 拍（　　　）怕（　　　）迫（　　　）

二、文化点滴

关于邻里关系的调查

你熟悉（shúxī, be familiar with）你的邻居吗？最近，《中国青年报》的调查显示，40.6%的人不熟悉自己的邻居，12.7%的人根本不认识自己的邻居。

为什么会这样呢？调查发现，影响邻里关系的主要原因是"人们对陌生人的不信任（52.0%）""没有公共空间，很少见面（43.0%）""重视自己的隐私（yǐnsī, privacy）（41.6%）"。当然，也有其他原因，比如"人们更看重自己的生活，不关心和邻居的关系（38.7%）""工作压力大，没时间和邻居交往（36.9%）""房子经常换人（35.1%）""社区活动（shèqū huódòng, community activity）少（26.5%）""服务机构兴起使邻里互助需求减弱（18.9%）"等。

你觉得还有哪些原因会影响邻里关系？怎么改善邻里关系？

（作者韩妹）

3.1 登天都峰①

阅读提示
Reading tips

黄山是中国的一座名山,以"奇松、怪石、云海、温泉"闻名世界。天都峰是黄山群峰之中最为雄伟、壮观、奇险的山峰。

徐霞客②是中国明代著名的旅行家,中国的很多地方他都去过。

一次,他和朋友一起去爬黄山③的天都峰。

刚走了一段路,他的朋友就抱怨起来:"这路真难走,我都出汗了。"徐霞客笑着说:"我还好,咱们慢慢走吧!"

爬到了半山腰,他的朋友气喘吁吁地说:"我的包太重,我背不动了。"徐霞客马上说:

---

① 天都峰,Tiāndū Fēng,Tiandu Peak.
② 徐霞客,Xú Xiákè,person's name.
③ 黄山,Huáng Shān,Mount Huang.

"我帮你背吧！"

后来，他们好不容易爬到了离山顶不远的地方，他的朋友累得坐在地上，不想起来了。他说："我的鞋破了，脚也出血了，实在走不动了。"徐霞客鼓励他说："就快到了，现在一定不要放弃！"

最后，他们终于登上了山顶。朋友惭愧地说："要不是你的鼓励，我可能到不了这儿。"徐霞客回答说："爬山怎么会没有困难呢？只要不放弃，就一定可以登上山顶。"

词语表 / New words

1	登	dēng	climb
2	明代	Míngdài	Ming Dynasty
3	著名	zhùmíng	famous
4	旅行家	lǚxíngjiā	traveller
5	抱怨	bàoyuàn	complain
6	出汗	chūhàn	sweat
7	半山腰	bànshānyāo	hillside
8	气喘吁吁	qìchuǎnxūxū	out of breath
9	重	zhòng	heavy
10	背	bēi	carry on the back
11	地上	dìshang	on the ground
12	实在	shízài	really
13	放弃	fàngqì	give up
14	困难	kùnnan	difficulty

阅读理解 / Reading comprehension

1. 徐霞客和朋友一起去哪儿爬山？
2. 在爬山的时候，朋友和徐霞客的态度有什么不同？
3. 他们为什么能登上山顶？
4. 你喜欢爬山吗？为什么？

3.2 愉快的上海之行

阅读提示
Reading tips

上海是中国数一数二的现代化大城市，有很多值得一看的风景名胜。你去过上海吗？

放假了，爸爸带我们一家去中国上海旅游。

第一天，我们去了东方明珠塔①。东方明珠塔高468米，曾经是亚洲第一、世界第三的高塔。塔里有一个旋转餐厅。从餐厅的窗户向外看去，整个上海都在你的脚下，汽车就像小盒子。

第二天，我们去了海洋馆。走在参观通道里，身边有各种各样的鱼，大家感觉就像在海洋里游泳一样。我们还看了海狮和白鲸的表演，很有意思。海狮和白鲸都很聪明，给我留下了深刻的印象。

第三天，我们去了城隍庙②小吃街，这是我最喜欢的地方。印

---

① 东方明珠塔，Dōngfāng Míngzhū Tǎ，The Oriental Pearl Tower.
② 城隍庙，Chénghuáng Miào，City God Temple of Shanghai.

象最深的是南翔小笼包①，味道很不错，很有上海特色。吃了小吃以后，我们还去了附近的豫园②。豫园是一座很有江南特色的古典园林。园内有很多古树，有一棵银杏树③竟然已经四百三十多岁了，非常高大，像巨人一样。

这次旅行，我看了很多漂亮的风景，吃了很多好吃的东西，去了很多好玩儿的地方，拍了很多照片，真是太有意思了！

东方明珠塔

白鲸表演

城隍庙

豫园

---

① 南翔小笼包，Nánxiáng xiǎolóngbāo，Nanxiang dumplings.
② 豫园，Yùyuán，Yuyuan Garden.
③ 银杏树，yínxìng shù，ginkgo tree.

词语表
New words

1	曾经	céngjīng	once
2	亚洲	Yàzhōu	Asia
3	塔	tǎ	tower
4	旋转	xuánzhuǎn	rotate; revolve
5	整个	zhěnggè	whole
6	海洋馆	hǎiyángguǎn	aquarium
7	通道	tōngdào	passageway
8	感觉	gǎnjué	feel
9	海洋	hǎiyáng	sea
10	海狮	hǎishī	sea lion
11	白鲸	báijīng	white whale
12	聪明	cōngmíng	smart
13	深刻	shēnkè	deep
14	印象	yìnxiàng	impression
15	小吃	xiǎochī	snack
16	江南	jiāngnán	south of the Yangtze River
17	古典	gǔdiǎn	classical
18	园林	yuánlín	garden
19	古树	gǔshù	ancient tree
20	棵	kē	measure word used for plants
21	竟然	jìngrán	unexpected
22	巨人	jùrén	giant
23	好玩儿	hǎowánr	fun

阅读理解
Reading comprehension

1. "我"在上海游览了哪些地方？

2. "我"觉得最有意思的地方是哪儿？

3. "我"觉得这次旅行怎么样？

4. 你去哪些地方旅行过？印象最深的是哪儿？

一、拓展练习

阅读中，有时候我们会遇到没学过或是不理解的词语，但这个词语所用的汉字却是熟悉的。这时候，我们就可以试着猜一猜整个词语的意思，推测一下这个词语大概和什么有关系。

请使用上面提到的猜词方法解释画线词语的意思。

例：旅客——（旅行）+（客人）→（旅行的人）

通道——（通过）+（道路）→（可以通过的路）

①运动不但可以锻炼身体，而且可以让人更自信。

自信——（　　　）+（　　　）→（　　　）

②他身体很不好，成了医院的常客。

常客——（　　　）+（　　　）→（　　　）

③很多人没有成功，是因为他们只有梦想却没有努力去做。

梦想——（　　　）+（　　　）→（　　　）

④作为一名旅客，我很希望能订到舒适的旅店，有个愉快的旅程。

旅程——（　　　）+（　　　）→（　　　）

⑤很多年轻人喜欢明星，有的喜欢球星，有的喜欢歌星，还有的喜欢影星。

影星——（　　　）+（　　　）→（　　　）

二、文化点滴

徐霞客与《徐霞客游记》

徐霞客是中国历史上非常有名的旅行家。他写的《徐霞客游记》是一本很特别的书，是徐霞客一生旅游的详细记录。

徐霞客出生于1587年，故乡是今天的江苏省江阴市。受父亲和爷爷的影响，徐霞客很小的时候就读了很多书，而且对旅游特别感兴趣。

22岁时，徐霞客第一次离开家乡。从此，他的绝大部分时间都是在旅行中度过的，直到生病去世。他一生走遍了大半个中国，去过荒凉（huāngliáng, desolate）的农村，也去过人迹罕至（rénjìhǎnzhì, off the beaten track）的边疆（biānjiāng, border area），尝尽了旅途的艰辛，也多次遇到生命危险。但是，他常常在一天的旅行之后，坚持把自己看到的风景、了解到的地理风俗（fēngsú, custom）等记录下来，写成文章。这就是有名的《徐霞客游记》。这本游记介绍了中国很多风景名胜、山川地貌、风土人情，内容非常丰富，一直流传至今。

你喜欢看游记吗？你知道哪些旅行家的故事？你旅行的时候会写游记吗？

第四课

4.1 跑酷少年

阅读提示
Reading tips

"跑酷"是一种极具观赏性的街头疾走极限运动。城市的公园、废弃的工厂、农村的田间沟渠等都可以成为跑酷运动的场地。现在,越来越多的人了解跑酷、喜欢跑酷了。

"如果你面前有一个三米高的台阶,你会怎么通过?"很多人一定会说:"绕过去!"但也有这样一群年轻人,他们的选择不是绕过去,而是跳过去、跑过去。他们是谁?他们就是跑酷者——城市中飞跃的人。

崔健①,这个出生于1990年的年轻人,就是这样的一个跑酷者。

2005年,崔健偶然看到了一部有关跑酷的电影。"我特别羡慕电影里面那些能飞檐走壁

---

① 崔健,Cuī Jiàn,person's name.

的人。"这是崔健对跑酷最初的印象。

2006年，崔健在网上发现了一个跑酷爱好者俱乐部，就按照上面的电话号码找到了俱乐部的队长，开始正式练习。2008年，他开始当教练。2011年，他参加全国跑酷比赛并取得了第五名的好成绩。

现在，崔健对跑酷运动有了更深的理解："现代社会，很多年轻人的业余时间都花在了电脑和手机上，很少锻炼身体。我希望以后能开一所跑酷学校，让更多的人学习跑酷运动。因为它不但可以锻炼身体，而且可以让人更自信。"

词语表 New words

1	跑酷	pǎokù	parkour
2	少年	shàonián	early youth
3	面前	miànqián	front
4	台阶	táijiē	step
5	通过	tōngguò	pass
6	绕	rào	make a detour
7	者	zhě	people
8	飞跃	fēiyuè	leap
9	偶然	ǒurán	by chance
10	飞檐走壁	fēiyán-zǒubì	leap onto roofs and vault over walls
11	正式	zhèngshì	formal
12	取得	qǔdé	gain
13	成绩	chéngjì	grade; score
14	现代	xiàndài	modern times
15	社会	shèhuì	society
16	业余	yèyú	amateur
17	自信	zìxìn	self-confident

阅读理解 Reading comprehension

1. 崔健的爱好是什么？他为什么喜欢？

2. 崔健怎么看跑酷运动？

3. 崔健为什么要开跑酷学校？

4. 你知道别的极限运动吗？你喜欢哪种？为什么？

4.2 图书管理员

阅读提示 / **Reading tips**

比尔·盖茨是微软公司的创始人。这是他小时候的故事。

1965年的一天，美国西雅图①一所小学的图书馆一大早就来了一个瘦瘦的小男孩儿。图书管理员给小男孩儿讲了图书的分类方法后，让他把还书人放错地方的书放回原位。

"就像是警察送迷路的人回家吗？"他问。"当然！"管理员说。

随后，小男孩儿就开始在书架中跑前跑后地工作了。到中午休息时，他已经找出三本放错了地方的书，并把它们放回了原位。

第二天，他来得更早，而且更加卖力。干完一天后，他正式要求图书馆允许自己担任管理员。从此以后，他每天都来图书馆认真工作。

几个星期后，小男孩儿告诉管理员他要搬家了，必须转学。他有点儿担心："我走以后，谁来整理那些'站'错地方的书呢？"

---

① 西雅图，Xīyǎtú，Seattle，a city of USA.

图书管理员当时就觉得，一个孩子干一件事情能这么卖力、这么负责，以后完全可以成为一位大主管。

确实，他现在主管着一家全球著名的大公司，那就是美国的微软公司①，这个小男孩儿就是比尔·盖茨②。

---

① 微软公司，Wēiruǎn Gōngsī, Microsoft Corporation.
② 比尔·盖茨，Bǐ'ěr·Gàicí, Bill Gates, person's name.

词语表
New words

1	图书	túshū	book
2	一大早	yídàzǎo	early in the morning
3	还	huán	return, give back
4	原位	yuánwèi	normal position
5	随后	suíhòu	then
6	卖力	màilì	hard
7	允许	yǔnxǔ	allow
8	担任	dānrèn	act as
9	认真	rènzhēn	conscientious
10	转学	zhuǎnxué	transfer to another school
11	整理	zhěnglǐ	straighten out
12	当时	dāngshí	at that time
13	完全	wánquán	complete
14	主管	zhǔguǎn	person in charge; in charge of
15	全球	quánqiú	the whole world

阅读理解
Reading comprehension

1. 小男孩儿在图书馆的工作是什么？

2. 小男孩儿为什么要转学？他转学时担心什么？

3. 图书管理员为什么认为小男孩儿一定会成功？

4. 你了解比尔·盖茨吗？你觉得他为什么能成功？

一、拓展练习

阅读中，有时候我们会遇到没学过或是不理解的词，但组成词的某一个汉字却是在另一个我们学过的词中出现过的，这时就可以通过这个共同的汉字猜出新词的大概意思。因为这个共同的汉字所表示的常常是这两个词相同或相近的含义，而其他不同的汉字则表示了这两个词意义上的不同。

请仿照例子，写出和画线词语有相同汉字的词，想一想这些词中意思相同的部分和不同的部分。

例：公司主管让他负责中国上海地区的所有业务。

　　主管——（管理）

① 这次，他其实不是退学而是休学。

　　退学——（　　　）

　　休学——（　　　）

② 管理员让他把还书人放错地方的书放回原位。

　　原位——（　　　）

③ 有时候一杯茶就能解除旅途的劳累。

　　旅途——（　　　）

二、文化点滴

人的差异在于业余时间

据说，爱因斯坦（Àiyīnsītǎn，Einstein）说过这样一句话："人的差异在于业余时间。"

一个人的业余时间有多少呢？有调查发现，在一天当中，中国城市居民的平均工作时间是5小时1分，吃饭、睡觉等必需时间是10小时42分，家务劳动时间是2小时21分，业余时间是6小时6分，分别占总时间的21%、44%、10%、25%。

业余时间如何用？这里大有讲究。调查发现，人们的业余时间主要用于睡觉（60%）、看电视或电影（57.33%）、听音乐（42.67%），也有人用于运动（38.67%）、购物（28%）、上网和玩游戏（34%）、四处游玩（34.67%）、其他休闲娱乐（31.33%）、学习特长（11.33%），以及其他（8%）。

你的业余时间有几个小时？你用这些时间做什么？

第五课

5.1 父亲不写信

阅读提示
Reading tips

在中国的传统观念中,父亲都是很严肃的。作者的父亲也是如此。他从小就怕父亲,上大学以后常常给父亲写信,但从未收到过回信。父亲爱他吗?

从小到大,我的父亲永远是严肃的,很难看到他笑。我怕他,总是躲着他。时间长了,我感到我们父子之间有了代沟。

当我把大学录取通知书给父亲看时,他没有说什么。吃饭的时候,他喝了很多酒,然后我听见他一个人在说:"兰州①,远了点儿。"

我要走时,正赶上父亲要去外地学习。他做出很轻松的样子,对我笑了笑,说:"你是大学生了,我就不送你了,你自己去吧。"没

---

① 兰州 Lánzhōu,a city of China.

想到在我走的前一天晚上,他却回来了,对我说:"我不放心,回来看看,看看!"看着父亲满头大汗的样子,泪水在我眼里打转。

上大学时,我常给父亲写信,父亲却从不给我回信。寒假回到家,妹妹对我说:"你每次来信,爸都高兴地给这个看给那个看。"妹妹告诉我,父亲每天看完新闻联播①都要看兰州的天气预报。妹妹问:"爸爸,您想哥吗?"他说:"不想,你哥这孩子,让人放心!"

泪光中,我又看见了父亲那严肃的面孔。父亲,您这句话顶得上千万封信了。

(根据胡航彬《父亲不写信》改写)

① 新闻联播 Xīnwén Liánbō, a TV News program of China.

词语表
New words

1	父子	fùzǐ	father and son
2	之间	zhījiān	between
3	代沟	dàigōu	generation gap
4	录取通知书	lùqǔ tōngzhīshū	admission notice
5	听见	tīngjiàn	hear
6	赶上	gǎnshàng	catch up with
7	轻松	qīngsōng	easy
8	泪水	lèishuǐ	tears
9	打转	dǎzhuàn	spin
10	寒假	hánjià	winter vacation
11	泪光	lèiguāng	tears
12	面孔	miànkǒng	face
13	句	jù	measure word used for sentences
14	顶得上	dǐngdeshàng	be worth
15	千万	qiānwàn	tens of millions

阅读理解
Reading comprehension

1. "我"和父亲之间的关系怎么样？

2. "我"考上大学后，父亲有什么表现？他高兴吗？

3. 上大学前，"我"为什么哭了？

4. 父亲想不想儿子？你是怎么知道的？

5. 你和父亲的关系怎么样？平时他怎么表达对你的爱？

5.2 镶牙

阅读提示 Reading tips

儿子带着母亲去医院镶牙，母亲选择了最便宜的那种，儿子却一声不吭。送走母亲后，儿子又回到了医院……

有一对母子，儿子是个有钱人。母亲老了，牙齿坏了，于是儿子开车带着母亲去镶牙。

到了医院，医生向他们介绍了各种价格的假牙，可最后母亲却选了最便宜的那种。医生希望他们要好一点儿的，于是一边看着儿子，一边耐心地说明贵的假牙与便宜的有什么不同。可让医生失望的是，儿子却没有反应，一直在打电话。医生没办法，只好同意了母亲的决定。这时，母亲小心地从口袋里拿出钱交了押金，一周以后来镶牙。

两人走后，医院里的人就开始大骂这个儿子，说他穿得那么好，开那么好的车，却舍不得花钱给母亲镶好牙。正当他们生气的时候，那个儿子又回来了。他说："医生，请您给我母亲镶最好的牙，钱我来出，多少钱都没关系。不过，您一定不要告诉她，因为我母亲是个非常节俭的人，我不想让她不高兴。"

词语表
New words

1	镶牙	xiāngyá	put in a false tooth
2	母子	mǔzǐ	mother and son
3	母亲	mǔqīn	mother
4	牙齿	yáchǐ	tooth
5	坏	huài	destroy
6	假牙	jiǎyá	false tooth
7	说明	shuōmíng	explain; illustrate; show
8	与	yǔ	and
9	失望	shīwàng	disappointment
10	反应	fǎnyìng	reaction
11	只好	zhǐhǎo	have to
12	口袋	kǒudai	pocket
13	押金	yājīn	advance payment
14	骂	mà	curse
15	那么	nàme	like that; in that way; then
16	舍不得	shěbude	begrudge
17	花钱	huā qián	spend money
18	正当	zhèngdāng	when
19	节俭	jiéjiǎn	frugal

阅读理解
Reading comprehension

1. 医生为什么一边介绍不同的假牙，一边看着那个儿子？

2. 最后母亲选择了哪种假牙？为什么？

3. 医院的人为什么骂那个儿子？

4. 儿子回来找医生做什么？

5. 你怎么看故事中这个儿子？

一、拓展练习

阅读中，我们经常会遇到许多生词。如果你一个接一个地在词典里查这些词，就会影响阅读的速度，也会使你对文章的兴趣大大降低。事实上，文章中的每个词与它前后的词语或句子甚至段落都有联系，我们可以利用上下文来推测、判断某些生词的词义。

例：母亲老了，牙齿坏了，于是儿子开车带着母亲去镶牙。

在这个句子里，上文说到"母亲老了，牙齿坏了"，那么接下来该做什么事呢？是要用假牙来代替这些坏的牙，于是就可以推测出"镶牙"这个词有"装假牙"的意思。

选择画线词语的正确词义。

①他是一个小气的人，从来都是只收礼物、不送礼物，实在要送也是很便宜的东西。
（　　）

A. 力气小　　　　　B. 气量小　　　　　C. 不舍得花钱

②这家新开的餐馆十分红火，每天都有很多人等着吃饭。（　　）

A. 红色　　　　　　B. 着火　　　　　　C. 热闹

③你告诉我的方法很灵，现在我的病已经好了。（　　）

A. 有用　　　　　　B. 聪明　　　　　　C. 灵活

④他生气了，一天都没理我，到晚上才跟我说话。（　　）

A. 理解　　　　　　B. 理睬　　　　　　C. 理想

二、文化点滴

虎 妈

2011年，美籍华人蔡美儿写了一本书，书名是《虎妈战歌》（Hǔmā Zhàngē, Battle Hymn of the Tiger Mother）。这本书讲述了她用严厉的方法来教育两个女儿、最后取得成功的故事。

"虎妈"实际上代表（dàibiǎo, delegate）了中国人的一种教育方法。现在，中国大多数家庭都是独生子女（dúshēng zǐnǚ, only child），虎妈的教育方法在中国很常见。孩子们除了在学校学习以外，还要在课后学习别的东西。虎妈的教育方法和西方尊重孩子个性（gèxìng, individuality）、鼓励自由发展的方法是完全不同的。虽然她取得了成功，但是也有很多人认为虎妈虐待（nüèdài, abuse）儿童。你怎么看呢？

第六课

6.1 爷爷的变化

阅读提示
Reading tips

"隔代亲"是指祖父母、外祖父母与孙辈之间往往会有非常亲密的感情。一个严厉的人在和孙子相处时，会有很多的变化。

爷爷是个严厉的人，做什么都很认真。家里人都很怕他，不管谁做错了事一定会受到爷爷的批评。可是，自从有了晨晨，爷爷变了。他心里想的、嘴里说的全是晨晨，一说起孙子就是一脸的幸福。

晨晨喜欢玩水，特别喜欢把水壶里的水一点儿一点儿倒在桌子上，然后用手拍得水花四溅，弄得衣服上也都是水。妈妈不让晨晨玩这个，爷爷却很纵容他。晨晨玩着，爷爷在旁边陪着；没水了，爷爷给倒上；水倒太多了，爷爷拿抹布擦干；衣服湿了，爷爷给换，还不时地问:"晨晨,好玩儿吗?"爷孙两人玩得高兴,哪里还有什么"严厉"的影子。

有一次,爷爷给晨晨买了一个火车玩具。晨晨喜欢极了,整天在家开小火车。到了晚上,电池用完了,火车不动了,晨晨就跑到爷爷那里哭。尽管已经晚上九点了,爷爷还是穿好衣服,冒着大风出去买电池了。

看看,这就是"隔代亲"!

(根据勋勋妈的博文《隔代亲到底有多亲——爷爷爱孙子》改写)

词语表 / New words

1	变化	biànhuà	change
2	严厉	yánlì	severe; strict
3	受到	shòudào	receive
4	自从	zìcóng	since
5	心	xīn	heart
6	嘴	zuǐ	mouth
7	孙子	sūnzi	grandson
8	水壶	shuǐhú	kettle
9	手	shǒu	hand
10	水花四溅	shuǐhuā sìjiàn	splash
11	纵容	zòngróng	tolerate
12	湿	shī	wet
13	不时	bùshí	frequently
14	玩具	wánjù	toy
15	电池	diànchí	battery
16	尽管	jǐnguǎn	although
17	冒	mào	take
18	大风	dàfēng	strong winds
19	隔代亲	gédàiqīn	inter-generational love

阅读理解 / Reading comprehension

1. 爷爷在孙子出生以后有什么变化?

2. 妈妈为什么不让晨晨玩水?

3. 晨晨为什么去爷爷那里哭?

4. 你怎么看"隔代亲"现象?

6.2 最疼爱我们的老人

阅读提示 Reading tips

我们大都得到过爷爷、奶奶、外公、外婆的爱。他们中谁是最疼爱我们的人呢？请看下面的调查结果。

除了父母的爱，很多人都受到过隔代人的照顾。那么，在外公、外婆、爷爷、奶奶中，谁是最疼爱我们的人呢？

2009年，美国的比绍①等人调查了200多名美国大学生，发现他们跟外婆的交往最多，跟爷爷的交往最少，在彼此的亲密程度上也是如此。两年后，芬兰②的坦斯卡伦③等人对英国4 000多名青少年的调查也发现，无论是在物质上还是在时间方面，外婆的付出都是最多的，其次是外公，然后是奶奶，最后是爷爷。

---

① 比绍，Bǐshào，D. I. Bishop，person's name.
② 芬兰，Fēnlán，Finland.
③ 坦斯卡伦，Tǎnsīkǎlún，A. O. Tanskanen，person's name.

2008年，英国的波莱①、列托②和荷兰③的奈里森④调查了英国7 000多个家庭中老人跟孩子交往的情况，结果发现外婆跟孩子的交往最多，娘家人给孩子的钱和东西都比父亲一方的多。除了英国和荷兰之外，对丹麦⑤、德国⑥等13个欧洲国家的调查也发现，如果一个老人既有儿子也有女儿，他们都会更关心女儿的孩子。

---

① 波莱，Bōlái，T. V. Pollet，person's name.
② 列托，Liètuō，D. Nettle，person's name.
③ 荷兰，Hélán，the Netherlands.
④ 奈里森，Nàilǐsēn，M. Nelissen，person's name.
⑤ 丹麦，Dānmài，Denmark.
⑥ 德国，Déguó，Germany.

词语表
New words

1	疼爱	téng'ài	love dearly
2	调查	diàochá	survey
3	彼此	bǐcǐ	each other
4	亲密	qīnmì	intimacy
5	程度	chéngdù	degree
6	如此	rúcǐ	so
7	青少年	qīngshàonián	teenager
8	无论	wúlùn	no matter
9	物质	wùzhì	substance
10	方面	fāngmiàn	aspect
11	付出	fùchū	pay
12	其次	qícì	second
13	娘家	niángjiā	married woman's parents' home
14	之外	zhīwài	besides
15	欧洲	Ōuzhōu	Europe
16	既	jì	as well as

阅读理解
Reading comprehension

1. 根据调查结果，在隔代关系中，美国大学生和谁的关系最密切？

2. 对英国青少年的调查发现，外婆在哪些方面付出最多？

3. 2008年的调查对象是谁？调查的内容是什么？

4. 在你家里，谁是最疼爱你的人？哪件事最让你感动？

一、拓展练习

除了通过上下文的内容来猜测词语的意思外，我们还可以通过前后句中出现的同义或反义关系来猜测词义。

例：上野先生像<u>往常</u>一样去上班，但八公<u>一反常态</u>，很不愿意去送他。

句子中提到"上野先生像往常一样去上班"，"但"字说明"一反常态"与"往常"的意思相反，而且下一句"很不愿意去送他"，也说明和八公平时的表现很不一样。因此，我们可以猜到"一反常态"意思是"和平时不一样"。

选择画线词语的正确词义。

①累了一天，回到宾馆，朋友一会儿就睡着了，可我却<u>失眠</u>了。（　　）

  A. 睡不着   B. 丢了东西   C. 没有做梦

②这位老师对学生很严厉，如果他能<u>宽容</u>一些就好了。（　　）

  A. 容易   B. 宽敞   C. 宽大有气量

③他想了各种办法，都没能完成这个练习，他真的是<u>无可奈何</u>了。（　　）

  A. 没有关系   B. 没有办法   C. 不可以

④你介绍的那个新产品非常好，以后有好东西一定还要<u>推荐</u>给我啊！（　　）

  A. 推拉   B. 介绍   C. 继续

二、文化点滴

中国的隔代教育

在中国，年轻的父母都要工作，没有很多时间照看孩子，老人们便担负（dānfù, shoulder）起了照顾、教育孙辈的重任（zhòngrèn, important task）。老人们与孩子相处的时间更多，感情也更深，有时候甚至（shènzhì, even）超过了孩子与父母之间的感情。

有些人认为，老人们特别容易溺爱（nì'ài, spoil）自己的孙子或者孙女，隔代教育对孩子的成长十分不利，容易让他们养成坏毛病。但是，也有人认为这是中国的传统家庭模式（móshì, mode）。老人照顾孩子更周到细致，可以使孩子的父母安心工作，对保持老人的身心健康也十分有利。他们觉得，孩子能不能教育好，与"隔代亲"没有关系。关于这个问题，你怎么看？

第七课

7.1 请客

阅读提示
Reading tips

由于风俗习惯不同，一个人到了外国常常会遇到文化差异问题。李梅去美国老师家做客，结果那天她过得很不舒服。

李梅在美国留学。一天，她的美国老师热情地请李梅和其他几位同事晚上七点去自己家吃饭，李梅愉快地答应了。

晚餐定在七点，李梅提前十五分钟就到了，其他客人还没有来。主人见到她，有些吃惊，接着表示歉意，说厨房里还有事要做，请李梅自己在客厅坐一会儿。李梅想去帮忙，但被老师婉言谢绝了。七点了，还没有人来。七点十分以后，其他几位老师才陆续到达。

晚餐开始了，主人把客人们请到餐厅。餐桌上只摆放了一些酒、饮料和冷食，很简单，周围的几把餐椅也不够大家坐的。主人请大家开始用餐，于是客人们自己倒酒或饮料，随便取一些冷食，有坐下的，也有站着的，边吃边聊。李梅也学着大家的样子吃了一点儿，心里还在等着热菜。可是热菜一直也没上来，客人们也没有坐到桌边，而是三三两两站在那里聊着自己感兴趣的事情。

这次晚餐让李梅感觉很不舒服。

词语表 New words

1	留学	liúxué	study abroad
2	热情	rèqíng	passion; warmth
3	同事	tóngshì	colleague
4	定	dìng	arrange
5	分钟	fēnzhōng	minute
6	主人	zhǔrén	hostess; host
7	接着	jiēzhe	then
8	歉意	qiànyì	sorry
9	婉言	wǎnyán	politely
10	谢绝	xièjué	decline
11	陆续	lùxù	one after another
12	到达	dàodá	arrive
13	摆放	bǎifàng	set out
14	冷食	lěngshí	cold food
15	周围	zhōuwéi	around
16	用餐	yòngcān	have dinner
17	取	qǔ	take
18	热菜	rècài	hot dishes
19	三三两两	sānsān-liǎngliǎng	(gather) in twos and threes

阅读理解 Reading comprehension

1. 主人看到李梅为什么感到吃惊?

2. 主人准备了什么招待客人？李梅觉得怎么样？

3. 李梅为什么觉得这次聚会不舒服？

4. 你去过外国人家里做客吗？有没有让你觉得不习惯的事情？

7.2 请为你的夸奖道歉

阅读提示
Reading tips

朋友去北欧的一个教授家做客,他夸奖教授的女儿长得很漂亮,结果教授却说朋友伤害了她的女儿,让他道歉。

朋友在北欧学习,周末到当地一位教授家中做客。教授有个五岁的女儿,金色的头发,蓝色的眼睛,漂亮极了。收到朋友带去的中国礼物,小女孩儿微笑道谢,朋友夸奖说:"你长得这么漂亮,真是可爱极了!"

教授当时没说什么,但是女儿走了之后,她的脸色严肃了起来:"你伤害了我的女儿,你要向她道歉。"朋友很吃惊:"我怎么伤害她了?"教授说:"你是因为她的漂亮而夸奖她,而漂亮不是她努力的结果,与她没关系。但孩子还很小,你的夸奖就会让她觉得这是她的本领,而她如果认为漂亮是值得骄傲的,就会看不起长得不好的孩子,这就给孩子造成了误区。"

"你可以夸奖她的微笑和有礼貌,这是她自己努力的结果。"教授说，"所以请你为你刚才的夸奖道歉。"朋友很正式地向教授的女儿道了歉，并且还夸奖了她的微笑和有礼貌。

词语表 New words

1	夸奖	kuājiǎng	praise
2	北欧	Běi Ōu	Northern Europe
3	当地	dāngdì	local
4	金色	jīnsè	golden
5	微笑	wēixiào	smile
6	道谢	dàoxiè	thank
7	之后	zhīhòu	after
8	脸色	liǎnsè	face
9	伤害	shānghài	do harm to
10	努力	nǔlì	make an effort
11	本领	běnlǐng	ability
12	值得	zhídé	be worth
13	骄傲	jiāo'ào	pride
14	看不起	kànbuqǐ	look down upon
15	造成	zàochéng	cause
16	误区	wùqū	misunderstanding

阅读理解 Reading comprehension

1. 作者为什么夸奖小女孩儿？夸奖她什么？
2. 教授为什么不喜欢这样的夸奖？
3. 教授认为应该表扬孩子什么？你同意教授的看法吗？
4. 你得到过哪些方面的夸奖？你感觉怎么样？

一、拓展练习

有时候一组词语往往属于同一类，我们可以根据它们的类属关系来猜测词义。

例：他搬家的时候，很多家具都放在门口，有床、桌子等。

根据"床""桌子"，我们可以猜出来"家具"是它们的总称。

根据画线词语的意思填空。

① 他今天去超市买了很多蔬菜，有西红柿、白菜，还有_____。

② _____都是交通工具，飞机是现在世界上最快的。

③ 学校旁边有个服装店，我的裙子、裤子、_____都是在那儿买的。

④ 孩子们都喜欢喝饮料，比如果汁、可乐、_____什么的。

二、文化点滴

送礼禁忌（jìnjì, taboo）

中国是一个礼仪之邦（lǐyí zhī bāng, state of ceremonies），人们会在过年、过节或者其他一些特殊的日子给亲人或朋友送礼物。

不过，送礼也有很多禁忌。比如，中国人认为双数（shuāngshù, even number）会带来好运，所以送礼的时候不要是单数（dānshù, odd number）的。但是，由于数字"四"的中文发音和"死"很接近，因此人们送礼时会尽量避免"四"。白色和黑色是葬礼（zànglǐ, funeral ceremony）中常用的颜色，也应该避免。"钟"和"梨"也不能做礼物，因为中文中"送钟"的发音和"送终（sòngzhōng, bury a senior family member）"一样，给人送钟，就好像盼着人死。特别是老人，千万不可送钟。"梨"的发音和"分离"的"离"一样，因此也不要送别人梨，特别是新婚夫妇。

第八课

8.1 意大利饭店用餐新规定

阅读提示
Reading tips

手机在人们的生活中越来越重要，甚至连吃饭的时候也离不了。于是，意大利的许多餐厅开始了"无手机"活动。

现在，人们在生活中越来越离不开手机，连用餐时也忙着用手机拍照、晒照片。为了让顾客找回"用餐的初衷"，专心享受美食，和亲友一起度过美好时光，越来越多的意大利餐厅开始了"无手机"活动。

意大利郊外的露比亚拉小馆①已有150多年的历史。这个饭店有个特别的新规定：顾客在进餐馆时，必须把手机放在门外的柜子里。这样，吃饭时客人就不会受到手机的干扰，可以专心享受传统美食了。

---

① 露比亚拉小馆，Lùbǐyàlā Xiǎoguǎn, Lubyalakodate Restaurant.

为了让客人细细品尝美食，与好友一起度过美好的用餐时间，米兰的修道院自助餐餐厅也建议客人吃饭时不要使用手机。此外，还有意大利中部的艾瑞米托饭店①，在那里手机收不到信号，顾客可以在安静轻松的氛围中专心品尝美食。

现在，很多餐厅纷纷加入到这个活动中来，要求客人用餐时不要使用手机。

---

① 艾瑞米托饭店，Àiruìmǐtuō Fàndiàn，Ari Mittal Restaurant.

词语表 New words

1	饭店	fàndiàn	restaurant
2	拍照	pāizhào	take a photo
3	晒	shài	show
4	初衷	chūzhōng	original intention
5	享受	xiǎngshòu	enjoy
6	美食	měishí	choice food
7	亲友	qīnyǒu	relatives and friends
8	时光	shíguāng	time
9	柜子	guìzi	cabinet
10	干扰	gānrǎo	interfere; disturb
11	专心	zhuānxīn	concentrate one's attention
12	细细	xìxì	carefully; in great detail
13	品尝	pǐncháng	taste
14	好友	hǎoyǒu	good friend
15	修道院	xiūdàoyuàn	monastery; convent
16	自助餐	zìzhùcān	buffet
17	中部	zhōngbù	middle
18	信号	xìnhào	signal
19	安静	ānjìng	quiet
20	氛围	fēnwéi	atmosphere
21	纷纷	fēnfēn	one after another

阅读理解 Reading comprehension

1. 意大利的餐厅为什么开始了"无手机"活动？

2. 这些餐厅用哪些方法来开展"无手机"活动？

3. 你喜欢这些餐厅的做法吗？为什么？

4. 你有什么办法让人们吃饭时不用手机？

8.2 你去"跑马"了吗

阅读提示
Reading tips

马拉松在中国已成为一种时尚,越来越多的人开始参加这项运动。马拉松比赛也越来越多,由于报名参加的人太多了,所以能够参加比赛也不是一件容易的事。

几年以前说起马拉松,不少人都会觉得,这是专业的田径运动,离普通人的生活十分遥远。不知从什么时候开始,马拉松一夜之间成为时尚,成为中国人喜爱的运动,人们见面常常说到自己或者朋友开始"跑马"了。马拉松渐渐走进了普通人的生活,跑步已经不仅是一种锻炼方式,而且变成一种生活方式了。

马拉松比赛也越来越多,各地出现了举办马拉松比赛热。根据中国田径协会的数据,2011年,中国举办的马拉松比赛只有22场;到了2015年就增长到134场;2016年,中国的马拉松比赛高达294场,平均每星期有5~6场比赛。2016年10月的最后一个周末,就有超过10场马拉松比赛先后在北京、上海、长沙①等城市举办。

---

① 长沙,Chángshā,a city of China.

北马、上马、广马、杭马、厦马……马拉松比赛虽然多，但是报名的人更多，很多比赛能报上名就很幸运。有一些小朋友不能跑完全程，就报名参加迷你马拉松比赛（4.2千米），磨炼自己的意志。

词语表 / New words

1	马拉松	mǎlāsōng	Marathon
2	田径	tiánjìng	track and field
3	遥远	yáoyuǎn	distant
4	时尚	shíshàng	fashion
5	喜爱	xǐ'ài	love; like
6	渐渐	jiànjiàn	gradually
7	不仅	bùjǐn	not only
8	方式	fāngshì	way
9	协会	xiéhuì	association
10	数据	shùjù	data
11	增长	zēngzhǎng	increase
12	达	dá	reach; add up to
13	平均	píngjūn	average
14	超过	chāoguò	more than
15	幸运	xìngyùn	lucky
16	全程	quánchéng	whole journey
17	迷你	mínǐ	mini
18	千米	qiānmǐ	kilometer
19	磨炼	móliàn	steel oneself
20	意志	yìzhì	will

阅读理解 / Reading comprehension

1. 中国人对马拉松的态度有什么变化？

2. "各地出现了举办马拉松比赛热"中的"热"可能是什么意思？

3. "北马""上马""广马"等是什么意思？

4. 你会去跑马拉松吗？为什么？

一、拓展练习

很多语言中都有一些"缩略语",即把一些长而复杂的词语缩短省略成简单短小的词语。汉语中缩短省略词语最常见的方法,是从组成它的词语中选出几个有代表性的语素,合成一个新的词。如"北马""上马"就是"北京马拉松比赛""上海马拉松比赛"的缩略。

读一读,写出这些画线词语原来的形式。
① 北京有很多有名的大学,如<u>北大</u>、<u>北师大</u>。(　　　　)(　　　　)
② 现在我们生活的环境越来越差,<u>环保</u>越来越重要了。(　　　　)
③ 这些重要的资料需要马上送到,我觉得应该用飞机运输,<u>空运</u>是最快的。(　　　　)
④ 这位<u>影视</u>明星现在很受欢迎,他拍了很多电影电视作品。(　　　　)

二、文化点滴

追星族与粉丝

"追星族"是指追逐(zhuīzhú, chase)、崇拜(chóngbài, adore)影视明星、歌星以及体育明星的人,特别是青少年。追星族还有另外一种称呼,那就是"粉丝","粉丝"是英语单词fans的谐音(xiéyīn, homonym)。

这些追星族,不仅喜欢看明星们的电影,买他们的CD,还会花很多钱去看他们的演出和比赛。为了和自己喜欢的明星见面,得到他们的签名(qiānmíng, signature),追星族们甚至会等十几个小时。有的人还对明星们的生活感兴趣,他们不但学习明星们的发式、衣着,还到处打听明星们的爱好,自己也模仿着去做。

有很多人认为青少年的这些追星行为不但浪费金钱,还使他们荒废(huāngfèi, waste)学业,应该禁止。你认为呢?

第九课

9.1 "麻婆豆腐"的由来

> **阅读提示**
> **Reading tips**

中国有很多名菜,很多菜的名字也很有意思,比如"麻婆豆腐"。这道菜为什么叫这个名字呢?

四川①的"麻婆豆腐"已经有一百多年的历史了。"麻婆豆腐"不但在中国很受欢迎,而且流传到日本②、新加坡③等国家,现在在世界上已经成为一道有名的川菜。那么,这道菜为什么叫作"麻婆豆腐"呢?

清朝时,在四川成都④的万福桥边,有一对姓陈⑤的夫妇开了一家饭馆。大家都叫他的妻子陈麻婆。

---

① 四川,Sìchuān,Sichuan Province of China.
② 日本,Rìběn,Japan.
③ 新加坡,Xīnjiāpō,Singapore.
④ 成都,Chéngdū,a city of China.
⑤ 陈,Chén,a surname.

当时万福桥是人们运输菜油的必经之处，所以运油的人常常在这家饭馆休息吃饭。因为豆腐比较便宜，所以他们喜欢点用豆腐做的菜。但是时间久了，大家都吃腻了。有一天，一个运油的人拿出一些菜油，请陈麻婆做一道与众不同的豆腐菜。陈麻婆想了又想，最后用辣椒、豆瓣儿酱、青蒜、花椒和牛肉末，做出了一道麻、辣、鲜、香的豆腐菜，运油的人吃了都赞不绝口。

因为这道菜非常可口，于是渐渐流行起来。每个顾客来了都一定会点陈麻婆做的这道豆腐。后来，大家就把这道菜叫作"麻婆豆腐"了。

词语表 New words

1	由来	yóulái	origin
2	受	shòu	receive
3	流传	liúchuán	spread
4	川菜	chuāncài	Sichuan food
5	清朝	Qīngcháo	Qing Dynasty
6	妻子	qīzi	wife
7	运输	yùnshū	transport
8	菜油	càiyóu	vegetable oil
9	必经	bìjīng	require; must go through
10	处	chù	place
11	与众不同	yǔzhòng-bùtóng	out of the ordinary
12	辣椒	làjiāo	pepper
13	豆瓣儿酱	dòubànrjiàng	fermented bean sauce
14	青蒜	qīngsuàn	garlic shoots
15	花椒	huājiāo	Chinese prickly ash
16	牛肉末	niúròumò	minced beef
17	麻	má	numb
18	鲜	xiān	fresh
19	香	xiāng	smell good
20	赞不绝口	zànbùjuékǒu	be full of praise
21	顾客	gùkè	client; customer

阅读理解 Reading comprehension

1. "麻婆豆腐"这道菜来自中国什么地方？

2. "麻婆豆腐"中的"麻婆"指的是谁？

3. 运油的人为这道菜提供了什么材料？

4. "麻婆豆腐"的味道是怎样的？

5. 你还知道哪些有趣的中国菜名？

9.2 厨房风波

阅读提示
Reading tips

做中国菜的时候，常常有很大的油烟。因为这个问题，林女士和她的美国房东产生了矛盾。

中国和西方饮食习惯不同，小小的不同也可能产生大问题。最近林女士就因为做饭油烟太大，被美国房东玛丽要求搬家。

林女士生气地对记者说，她只是炒一些家常菜，没有做什么奇怪的食物，她觉得房东不近人情。玛丽却说，她了解很多华人喜欢煎、煮、炒、炸，很多华人家庭的厨房都有强力抽油烟机，但她自己不需要，不想安装。但是，林女士每次炒菜一定先炒香葱、姜、蒜，时间长了屋里老有油烟味儿，让人受不了，她觉得不适合再和林女士一起居住。

玛丽说："我是个老人，很多习惯改不掉了，只好请她搬家。"林女士表示："经过这件事，我才知道不是只有臭豆腐那种气味强烈的食物才会让人受不了。我也反省了，以后租房时，一定要先了解房东的饮食习惯再决定。"

词语表
New words

1	风波	fēngbō	storm
2	女士	nǚshì	lady
3	油烟	yóuyān	cooking smoke
4	房东	fángdōng	landlord
5	家常菜	jiāchángcài	simple meal
6	不近人情	bújìn-rénqíng	be devoid of human feeling
7	华人	huárén	Chinese people
8	煎	jiān	fry in shallow oil
9	炸	zhá	fry in deep fat or oil
10	强力	qiánglì	powerful
11	抽油烟机	chōuyóuyānjī	grease pump
12	安装	ānzhuāng	install
13	葱	cōng	spring onion
14	姜	jiāng	ginger
15	蒜	suàn	garlic
16	味儿	wèir	smell; odour
17	受不了	shòubuliǎo	can not stand
18	适合	shìhé	fit; suit
19	臭豆腐	chòudòufu	strong-smelling preserved fermented bean curd
20	气味	qìwèi	smell
21	强烈	qiángliè	strong
22	反省	fǎnxǐng	reflect
23	租	zū	rent

阅读理解
Reading comprehension

1. 房东向林女士提出了什么要求？为什么？

2. 华人家庭一般会用什么方法来解决油烟问题？

3. 有哪些办法可以解决林女士和房东之间的"厨房风波"？

4. 如果你喜欢"气味强烈的食物"，但是周围的人不喜欢，你怎么办？

一、拓展练习

阅读中遇到不懂的词语，有时根据文章的内容很难猜出词义，这时我们可以利用自己的生活经验和一般常识来猜测词义。

例：林女士生气地对记者说，她只是炒一些家常菜，没有做什么奇怪的食物，她觉得房东不近人情。

在这个句子里，林女士说她做饭只是做一些家常菜，不是奇怪的食物，但是房东却要她搬家。根据生活经验，如果一个人对正常的事情或者其他人的正常行为有特别的反应，那么这个人可能是有问题的、不正常的。所以，"不近人情"这个词的意思是"不合乎人们正常的情理"。

请使用上面提到的猜词方法选择画线词语的正确意思。

① 今天的天气真是太冷了，我的手都冷得麻木了。（　　　）

　　A. dexterous　　　B. rough　　　C. numb

② 吸烟不仅对自己的身体不好，而且危害身边的人，因为身边的人也在被动吸烟。（　　　）

　　A. passive　　　B. do　　　C. autonomous

③ 很多人认为肺癌是吸烟的男性才会得的病，其实很多女性，特别是一些家庭主妇也有得肺癌的可能。研究发现，厨房油烟和妇女肺癌的发生有明显关系。（　　　）

　　A. prostatitis　　　B. lung cancer　　　C. hypertension

二、文化点滴

中国菜的命名

翻开中国饭馆里的菜谱,你会发现一些菜的名字很有意思。那么,中国菜是怎样命名的呢?

中国菜用材料和做法来命名的占大多数,比如"清蒸鱼、红烧肉、北京烤鸭、西红柿炒鸡蛋"等都属于这一类。有的菜以人物命名,如"麻婆豆腐""东坡肉""宫保鸡丁"等。有的菜名很有趣,是用菜的样子来命名的,比如"狮子头(shīzitóu, "lion head", large meatball)""蚂蚁上树(mǎyǐshàngshù, "ants climbing trees", vermicelli with spicy minced pork)""松鼠桂鱼(sōngshǔ guìyú, "mandarin fish fried like a squirrel tail", sweet and sour mandarin fish)",等等。这类菜名让吃菜的人完全不知道自己将要吃到的是什么。

当然,这些有趣的菜名,外国人很难理解和欣赏。因此,为了使中国菜更好地流传到海外,翻译工作实在很重要。那么,请你试一试,"赛螃蟹(sài pángxiè)"这道菜应该怎么翻译才好呢?

北京烤鸭

宫保鸡丁

狮子头

松鼠桂鱼

第十课

10.1 给爸爸的一封信

阅读提示
Reading tips

烟酒不利于身体健康。如何劝人戒烟戒酒呢？明明选择用写信的方式来劝说爸爸。

爸爸：

今天给您写这封信是想**劝**您别再吸烟喝酒了。

因为工作的**原因**，您经常要请客吃饭，而且每次都要喝酒。时间一长，问题就出现了。现在我和妈妈都感觉您的身体没有以前好了，**啤酒肚**也出来了。我上网查了资料，网上说，喝酒太多不仅会**损害胃**、**肝**、心脏，还会损害**神经系统**。您看，我们的邻居张**大爷**就是因为爱喝酒，六十多岁就成了医院的**常客**。为了您的健康，我们都希望您能多回家吃饭，这样不仅能够少喝酒，还可以多陪陪我和妈妈。

另外，听妈妈说，您以前是不吸烟的。自从学会吸烟后，我们就经常听到您的咳嗽声。香烟中有尼古丁，毒性很大。吸烟不仅对自己的身体不好，而且危害身边的人，因为身边的人也在被动吸烟。为了您的健康，也为了我和妈妈，请您把烟戒了吧，多参加一些体育运动，把身体锻炼得棒棒的。

希望您早日远离烟酒，多陪家人！

您的儿子：明明

5 月 23 日

词语表 / New words

1	劝	quàn	advise
2	原因	yuányīn	reason
3	啤酒肚	píjiǔdù	beer belly
4	损害	sǔnhài	damage
5	胃	wèi	stomach
6	肝	gān	liver
7	神经	shénjīng	nerve
8	系统	xìtǒng	system
9	大爷	dàye	uncle (a respectful form of address for an elderly man)
10	常客	chángkè	frequent visitor
11	咳嗽	késou	cough
12	香烟	xiāngyān	cigarette
13	尼古丁	nígǔdīng	nicotine
14	毒性	dúxìng	toxicity
15	危害	wēihài	do harm to
16	被动	bèidòng	passive
17	远离	yuǎnlí	stay away from

阅读理解 / Reading comprehension

1. 明明给爸爸写这封信的目的是什么？

2. 明明的邻居张大爷有什么问题？

3. 吸烟喝酒给明明的爸爸和家人带来了什么影响？

4. 除了吸烟喝酒外，还有哪些习惯不利于身体健康？

10.2 为什么吃素

阅读提示 Reading tips

现在越来越多的人喜欢吃素,为什么呢?科学家指出了吃素的一些好处。

现在越来越多的人喜欢素食,几个人一起吃饭时,我们常常会听到有人说:"对不起,我不吃肉。"在英国,1/6的人口已经成为素食者;在美国,有10%的素食者,很多城市都可以找到素食餐厅;在德国,到处都有素食店,有一家叫"Vitalia"的商店在全国有120家连锁店,每天中午为素食者提供午餐,生意很好。

那么，为什么越来越多的人喜欢吃素呢？有的科学家认为，人的身体结构并不适合吃肉。人类的肠子很长，约8.5米，所以我们吃下的肉会在肠子中停留很长时间。这样对身体不好，甚至会导致癌症。可是，只吃素身体会不会不够强壮？科学家们发现：植物中的营养能让人增强抵抗力，对健康长寿有好处。吃素不仅对身体有好处，还可以节约自然资源，因为畜牧业需要消耗大量的水资源，还会产生更多的污染，少吃肉可以更好地保护环境。

当然，为了营养均衡，有时候也需要吃一些肉。有的研究表明，长期完全吃素其实对身体不太好，尤其对25岁到35岁的年轻人，因为这段时间是身体最需要能量的时候。

词语表 / New words

1	吃素	chīsù	live on a vegetarian diet
2	素食	sùshí	vegetarian meal
3	连锁店	liánsuǒdiàn	chain stores
4	提供	tígōng	provide
5	科学家	kēxuéjiā	scientist
6	结构	jiégòu	structure
7	人类	rénlèi	mankind
8	肠子	chángzi	intestine
9	停留	tíngliú	stay
10	甚至	shènzhì	even
11	导致	dǎozhì	lead to
12	癌症	áizhèng	cancer
13	强壮	qiángzhuàng	strong
14	营养	yíngyǎng	nutrition
15	抵抗力	dǐkànglì	resistance
16	节约	jiéyuē	save
17	资源	zīyuán	resource
18	畜牧业	xùmùyè	animal husbandry
19	消耗	xiāohào	consume
20	大量	dàliàng	a quantity of
21	产生	chǎnshēng	produce
22	均衡	jūnhéng	balanced
23	研究	yánjiū	research
24	尤其	yóuqí	especially
25	能量	néngliàng	energy

阅读理解 / Reading comprehension

1. "素食者"是什么意思？

2. 一些科学家认为人类不适合吃肉食的原因是什么？

3. 吃素有哪些好处？请至少说出两个。

4. 关于吃素，你怎么看？

一、拓展练习

在上下文中，有时会有一个简单的句子解释其中出现的生词。这样，我们就可以根据这个句子来猜测所出现生词的大概意思了。

例：现在越来越多的人喜欢素食，几个人一起吃饭时，我们常常会听到有人说："对不起，我不吃肉。"

前面的生词"素食"是什么意思呢？我们可以从后面"我不吃肉"这一句猜到"素食"的意思。

有时候上下文的句子会出现意思相反的情况，这时候我们也可以利用这种相反的关系来猜测词义。只要看懂了其中一个句子的意思，就有可能猜出另一个。

请使用上面的方法选择画线词语的正确意思。

① 我感到很迷惑，不明白他这样做是为了什么。（　　　　）

　A. sad　　　　　B. confused　　　　C. angry

② 元旦假期只有三天，他想去北方看雪，又想去南方看海，犹豫了很久，一直不能决定。（　　　　）

　A. wait　　　　　B. prepare　　　　C. hesitate

③ 今天，他被炒鱿鱼了。所以，以后不用来上班了。（　　　　）

　A. fire sb.　　　B. cook a fish　　　C. get cold

④ 你应该自己的事情自己做，不要什么事都依赖别人。（　　　　）

　A. blame　　　　B. rely on　　　　C. obey

二、文化点滴

食 疗

食物与人的健康紧密相关，中国的传统医学——中医历来强调合理饮食与健康的关系。同时，中医也特别重视利用有药用价值的食物，或者在饮食中加入一定的药来祛病（qūbìng，get rid of sickness）、养生，这就是我们常说的"食疗"或者"药膳"（yàoshàn，medicated food）。

日常生活中的许多食材都可以用来做"药膳"。例如：萝卜有助于消化（xiāohuà，digestion）；姜能散寒（sànhán，fend off coldness）和治疗感冒；枣可以补气（bǔqì，invigorate energy）、养血（yǎngxuè，nourish the blood）、安神（ānshén，tranquilize the mind）。这些千百年来积累的经验是构成中医以及中国饮食文化的重要组成部分。

食物也有治病的作用。当你着凉感冒的时候，要不要试试喝一碗姜汤？

第十一课

11.1 旅途中的糟糕事

阅读提示 Reading tips

旅行是一件让人愉快的事,但有时候,有些人的行为也会破坏人们的好心情。

旅行不仅能让人看到美景,还能和朋友分享旅途中的各种见闻,多让人快乐啊!可是,这一次和爸爸妈妈一起开车出去旅行,却让我的心情很糟糕。

我们开着小车走在高速公路上,三个人说说笑笑很开心。可是开到半路时,因为前边出现交通事故,堵车了,我们停了下来。这时,我们前边的一辆小车上有一位大约四十岁的阿姨,拿出一袋垃圾准备从车窗扔出去。爸爸看见了,大声咳嗽了一下,那位阿姨回头看了看,一脸生气的表情,似乎嫌我们多管闲事。不过，满含警告的咳嗽声也没能阻止她，她还是飞快地把垃圾扔到路边，接着，几样小垃圾又从她的车里"飞"了出来。我心里很生气，打算下车捡起垃圾再扔回她的车里，并告诉她"你的东西掉了"。但是在高速公路上是不能随便上下车的，那样很危险，最后我们只能看着他们家的车越走越远。我看到他家的车里还有小孩子，我想，这个妈妈这样不爱护环境，能教育好自己的孩子吗？这虽然是一件小事，但却破坏了我们旅游的好心情。

词语表
New words

1	见闻	jiànwén	knowledge
2	心情	xīnqíng	mood
3	高速公路	gāosù gōnglù	highway
4	说说笑笑	shuōshuōxiàoxiào	speak and laugh
5	事故	shìgù	accident
6	大约	dàyuē	about
7	袋	dài	bag
8	扔	rēng	throw
9	回头	huítóu	turn one's head; turn round
10	表情	biǎoqíng	expression
11	似乎	sìhū	it seems ...
12	嫌	xián	dislike; grudge
13	多管闲事	duōguǎnxiánshì	put one's finger in another's pie
14	警告	jǐnggào	warning
15	阻止	zǔzhǐ	stop
16	飞快	fēikuài	fast; quick
17	危险	wēixiǎn	dangerous
18	爱护	àihù	care
19	教育	jiàoyù	educate

阅读理解
Reading comprehension

1. 为什么"我们"一家的心情变得很糟糕？

2. 爸爸为什么咳嗽起来？

3. 看到阿姨的行为，"我"想怎么做？但是为什么没有那样做？

4. 在旅行中，你还见过哪些破坏环境的事情？

11.2 最后的停车位

阅读提示
Reading tips

现在,越来越多的中国家庭拥有了汽车,停车成了一个大难题。

大李买了一辆新车。有一天,他开车带着妻子高高兴兴地回家。到了小区,大李要找个车位停车,转了一圈,好不容易找到一个空位。当他把车开过去时,保安跑过来说:"先生,这个停车位有人买了!"大李问:"那还有其他空位吗?"保安说:"真不好意思,小区里的车位都被买走了。"大李真后悔,以前怎么没有在小区里买个停车位呢?

这时,妻子出了个主意,说:"我们把车停在路边吧。"大李点点头。路边果然有很多空位,大李很高兴,正想把车停在一个空位上。可是,他突然发现路边停着的车都被贴了罚单,大李犹豫了半天,还是不敢停。

找不到停车位,大李的车只能在街上慢慢走着。这时,妻子笑了:"我有办法了,我们把车停在超市的停车场吧,那里肯定有车位。"大李摇摇头，说："超市的停车场太远了，停了车以后我们怎么回家啊？""没关系，"妻子说，"我们可以坐出租车回家。"

词语表 New words

1	停车位	tíngchēwèi	parking space
2	小区	xiǎoqū	housing development
3	圈	quān	circle
4	空位	kòngwèi	vacancy
5	保安	bǎo'ān	security
6	不好意思	bù hǎoyìsi	sorry
7	后悔	hòuhuǐ	regret
8	点头	diǎntóu	nod one's head
9	果然	guǒrán	indeed as expected
10	半天	bàntiān	half of the day; quite a while
11	不敢	bùgǎn	not dare to
12	摇头	yáotóu	shake one's head
13	出租车	chūzūchē	taxi

阅读理解 Reading comprehension

1. 大李买了一辆新车，但是他遇到了什么难题？

2. 大李为什么不把车停在路边的空位上？

3. 妻子建议把车停在哪儿？大李同意吗？

4. 最后他们把车停哪儿了？

5. 你觉得有什么办法可以解决"停车难"的问题？

一、拓展练习

阅读中，我们会遇到一些很长的句子。怎么办呢？要学会找出这些长句子的主干，也就是句子的主要成分。句子的主要成分常常是"某人做某事"或"某人/某物怎么样"，按照这样的内容找到相关的词语，句子的主要意思就有了，整个句子也就容易理解了。

例：1996年春节，十一岁就跟着叔叔离开家乡、在美国生活了五十多年的老华侨<u>周先生</u>，带着妻子和两个儿子，又一次<u>回到了</u>常常出现在梦中的家乡<u>台山</u>。

这个句子很长，但如果找到了句子的主干"周先生回到了台山"，就会发现这句话的意思很简单。

请找出下列句子的主要成分。

① 住在308号房间的那位漂亮的英国姑娘安娜今天特地穿了一件她去北京旅游时买的中国传统服装——旗袍。

② 这些吃惯了西餐、说着外语、从小生活在海外的华裔孩子们来到了这座美丽的中国小镇。

③ 站着说话的那位圆圆脸儿、大眼睛、长头发、声音甜美的姑娘正是他日思夜想的女朋友梅梅。

④ 这样一种不使用旅游指南、只依靠当地人的帮助来了解新地方的方法会给你的旅行带来许多意想不到的乐趣。

二、文化点滴

放鞭炮与环境保护

一说起过年，几乎所有中国人都马上会想到红色的灯笼（dēnglong，lantern）、红色的春联（chūnlián，new year couplets）、大大的"福"字和响亮的鞭炮声。放鞭炮是中国春节的传统习俗，春节的时候到处都是鞭炮声，除夕（chúxī，New Year's Eve）那天甚至可以整整响一夜。对中国人来说，几乎是"无炮不过年"。不放鞭炮，就没有过年的气氛。除了过年，结婚、开业（kāiyè，start business）、升学等其他喜庆的日子也都要放鞭炮庆祝。

不过，放鞭炮喜庆是喜庆，坏处可不少：不仅污染空气，而且造成浪费，有时候还会发生鞭炮伤人或火灾等事件，更不用说清洁工的辛苦了。所以，很多地方政府对放鞭炮的时间、地点进行了限制。随着环境污染的加剧和人们环保意识的增强，现在大家都开始自觉地少买少放鞭炮了。虽然鞭炮声少了，但人们喜悦的心情并没有减少。

当保持传统习俗和保护环境产生矛盾的时候，你会怎么选择？

第十二课

12.1 试验旅游

> **阅读提示**
> Reading tips
>
> 有一些新奇的办法能让你的旅途充满乐趣,这是一些怎样的旅游方式呢?

每个人都希望自己的旅途开心快乐,所以人们出门旅游时会想出各种各样的办法,好让旅途充满乐趣。最近,一种新的不需要花很多钱的旅游方式在年轻人中大受欢迎,这就是"试验旅游"。下面介绍几种有意思的"试验旅游"方式,供大家参考。

1. 字母法:到了一个新地方,找到以字母A和字母Z开头的街名,然后在两个地方之间画一条线,然后就按照这条线走吧。

2. 当地向导法:不用旅游指南,只依靠当地人的帮助来了解陌生的地方。你可以先在自己住的城市试验一下。

3. 不带通信工具法：周末跟朋友约好到一个地方旅游，然后分别去那里。在没有手机等通信工具的帮助下，用整个周末的时间来找他。

4. 搭顺风车法：走到路边，把指示牌上的一个很遥远的地方当作目的地，然后伸出你的大拇指等着搭顺风车就行了。

在一般人的眼里，"试验旅游"看起来很奇怪，但旅途中那些没想到的事也许会给你带来新鲜的感觉和特别的乐趣。

词语表
New words

1	试验	shìyàn	test
2	乐趣	lèqù	fun
3	字母	zìmǔ	alphabet letter
4	开头	kāitóu	beginning
5	线	xiàn	line
6	向导	xiàngdǎo	guide
7	指南	zhǐnán	handbook
8	依靠	yīkào	rely on
9	通信	tōngxìn	communication
10	工具	gōngjù	tool
11	分别	fēnbié	respectively
12	搭	dā	take
13	顺风车	shùnfēngchē	free ride
14	当作	dàngzuò	regard as
15	目的地	mùdìdì	destination
16	伸	shēn	stretch
17	大拇指	dàmǔzhǐ	thumb

阅读理解
Reading comprehension

1. "试验旅游"为什么很受欢迎？

2. 什么是"搭顺风车"？想搭顺风车的时候，应该怎么表示？

3. 你喜欢"试验旅游"吗？为什么？

4. 你还知道别的有意思的旅游方式吗？

12.2 大熊猫回老家

阅读提示 Reading tips

中国是大熊猫的故乡。大熊猫常常作为友好使者被送到其他国家的动物园生活,但这些大熊猫最终还要回到中国。最近,两只在美国出生的大熊猫回到了老家,但在新环境里它们遇到了一些问题。

美轮和美奂是两只大熊猫,2013年7月出生于美国亚特兰大①。根据中美协议,所有在美国出生的熊猫必须在四岁前回到中国。于是,2016年11月,美轮、美奂回到了老家——中国成都。

在饲养员的精心照顾下,它们开始慢慢适应中国的生活。但是,很快饲养员发现了一个很大的问题:这两位完全听不懂中文!但是人们对它们说"come here(过来)"时,它们就会慢悠悠地走过来。为了让两只熊猫学习中文,现在饲养员会经常用四川话跟它们聊天儿。比如经常问两只熊猫:"吃了没得?"(四川话,意思是:"吃了没有?")希望经过一段时间的中文学习,它们能成为听得懂中英双

---

① 亚特兰大,Yàtèlándà, Atlanta, a city of USA.

语的国际熊猫。

除了语言问题，饲养员还发现，它们的胃也是美国胃。刚开始饲养员拿中国糖窝头喂它们，它们根本不吃，就爱吃美国的饼干，吃什么都要和饼干一起吃，甚至连喝水时都要吃饼干。

这怎么行？既然回到中国，胃也要变成中国胃。于是，饲养员慢慢减少饼干的量，增加窝头的量。现在，美奂已经开始喜欢吃糖窝头，但是美轮还是只爱吃饼干。好吧，再给它一点儿时间，相信它会爱上中国美食的。

词语表
New words

1	大熊猫	dàxióngmāo	panda
2	老家	lǎojiā	old home; native place
3	协议	xiéyì	agreement
4	饲养员	sìyǎngyuán	breeder
5	适应	shìyìng	adapt
6	慢悠悠	mànyōuyōu	slow and leisurely
7	四川话	Sìchuānhuà	Sichuan dialect
8	双语	shuāngyǔ	bilingual
9	语言	yǔyán	language
10	窝头	wōtóu	steamed cone-shaped bun of corn, sorghum, etc.
11	根本	gēnběn	at all
12	饼干	bǐnggān	biscuit
13	既然	jìrán	since
14	减少	jiǎnshǎo	decrease
15	量	liàng	quantity
16	增加	zēngjiā	increase
17	相信	xiāngxìn	believe

阅读理解
Reading comprehension

1. 这两只熊猫是从哪儿来的？

2. 饲养员发现这两只熊猫有什么问题？

3. 为什么说它们的胃是"美国胃"？

4. 这两只熊猫的名字叫作"美轮""美奂"，"美轮美奂"本来是一个词，你知道这个词是什么意思吗？

一、拓展练习

阅读时，比较长的段落可能会让你有些头疼，会让你觉得好像必须把每一句都弄明白，才能继续读下去。其实，要弄明白文章在讲什么，很多时候并不需要读懂每一句话的意思，这时就要学会找重点句。重点句常常表达一段话的主要观点，其他句子是对这个观点的进一步说明和解释。

例：为什么越来越多的人喜欢吃素呢？有的科学家认为，<u>人的身体结构并不适合吃肉</u>。人类的肠子很长，约8.5米，所以我们吃下的肉会在肠子中停留很长时间。这样对身体不好，甚至会导致癌症。

上面这段话中有"肠子""导致""癌症"等很多比较难的词，但其实重点句是"人的身体结构并不适合吃肉"，后面的句子都是来说明人的身体为什么不适合吃肉的。

请画出下列句子中的重点句。

① 爸爸老了，身体越来越差。他不但有高血压、糖尿病，去年还查出得了肺癌。治疗了一年多，爸爸的头发都掉光了。

② 他的性格非常好，宽容、积极、乐观、慷慨。朋友们找他帮忙，他总是竭尽所能，所以走到哪儿都受欢迎。

③ 北京的秋天，天气晴朗，阳光灿烂，不冷不热，风景秀丽，空气清新，是一年中最好的季节。

④ 我的电脑有点儿问题，系统不稳定，经常死机，有时候不知道什么原因还自动关机。

二、文化点滴

大熊猫

大熊猫是世界上最可爱的动物之一。它们有黑白相间的皮毛,还有圆圆的脸、大大的黑眼圈、胖嘟嘟的身体。大熊猫最初是吃肉的,经过进化(jìnhuà, evolution),它们99%的食物都变成竹子了。野外大熊猫的寿命为18~20岁,人工养育的可以超过30岁。

大熊猫被称为"活化石"和"中国国宝",它们已经在地球上生存了至少800万年,是中国特有的动物物种,也是世界濒危(bīnwēi, endangered)动物之一。它们主要生活在中国的四川、陕西和甘肃的山区。据调查,全世界野生大熊猫不到1 600只,中国国内人工养育的大熊猫数量为300多只。

有人说,为了避免大熊猫灭绝(mièjué, extinction),应该用"克隆"(kèlóng, clone)技术来保护它们,但是也有人反对,认为这违反(wéifǎn, violate)了自然规律。

词语表

词语	拼音	英文	课数
癌症	áizhèng	cancer	10.2
爱护	àihù	care	11.1
安静	ānjìng	quiet	8.1
安装	ānzhuāng	install	9.2
白鲸	báijīng	white whale	3.2
摆	bǎi	arrange	2.1
摆放	bǎifàng	set out	7.1
半山腰	bànshānyāo	hillside	3.1
半天	bàntiān	half of the day; quite a while	11.2
傍晚	bàngwǎn	at dusk	2.2
包裹	bāoguǒ	parcel	1.2
保安	bǎo'ān	security	11.2
抱怨	bàoyuàn	complain	3.1
背	bēi	carry on the back	3.1
北欧	Běi Ōu	Northern Europe	7.2
被动	bèidòng	passive	10.1
本领	běnlǐng	ability	7.2
彼此	bǐcǐ	each other	6.2
必经	bìjīng	require; must go through	9.1
变化	biànhuà	change	6.1
表情	biǎoqíng	expression	11.1
饼干	bǐnggān	biscuit	12.2
不敢	bùgǎn	not dare to	11.2
不管	bùguǎn	regardless of	1.1
不好意思	bù hǎoyìsi	sorry	11.2
不仅	bùjǐn	not only	8.2
不近人情	bújìn-rénqíng	be devoid of human feeling	9.2
不忍	bùrěn	can not bear	2.1
不时	bùshí	frequently	6.1

菜油	càiyóu	vegetable oil	9.1
曾经	céngjīng	once	3.2
产生	chǎnshēng	produce	10.2
肠子	chángzi	intestine	10.2
常客	chángkè	frequent visitor	10.1
超过	chāoguò	more than	8.2
车站	chēzhàn	station	2.2
成绩	chéngjì	grade; score	4.1
程度	chéngdù	degree	6.2
吃素	chīsù	live on a vegetarian diet	10.2
抽油烟机	chōuyóuyānjī	grease pump	9.2
臭豆腐	chòudòufu	strong-smelling preserved fermented bean curd	9.2
出汗	chūhàn	sweat	3.1
出现	chūxiàn	appear	2.2
出租车	chūzūchē	taxi	11.2
初衷	chūzhōng	original intention	8.1
处	chù	place	9.1
川菜	chuāncài	Sichuan food	9.1
葱	cōng	spring onion	9.2
聪明	cōngmíng	smart	3.2
搭	dā	take	12.1
达	dá	reach; add up to	8.2
打转	dǎzhuàn	spin	5.1
大风	dàfēng	strong winds	6.1
大量	dàliàng	a quantity of	10.2
大拇指	dàmǔzhǐ	thumb	12.1
大熊猫	dàxióngmāo	panda	12.2
大爷	dàye	uncle (a respectful form of address for an elderly man)	10.1
大约	dàyuē	about	11.1
代沟	dàigōu	generation gap	5.1
袋	dài	bag	11.1
担任	dānrèn	act as	4.2

当地	dāngdì	local	7.2
当时	dāngshí	at that time	4.2
当作	dàngzuò	regard as	12.1
导致	dǎozhì	lead to	10.2
到处	dàochù	everywhere	1.1
到达	dàodá	arrive	7.1
道歉	dàoqiàn	apologize	1.2
道谢	dàoxiè	thank	7.2
登	dēng	climb	3.1
等待	děngdài	wait for	1.1
等候	děnghòu	await	2.2
抵抗力	dǐkànglì	resistance	10.2
地上	dìshang	on the ground	3.1
点头	diǎntóu	nod one's head	11.2
电池	diànchí	battery	6.1
雕像	diāoxiàng	sculpture	2.2
调查	diàochá	survey	6.2
顶得上	dǐngdeshàng	be worth	5.1
定	dìng	arrange	7.1
栋	dòng	measure word used for housing	1.2
豆瓣儿酱	dòubànrjiàng	fermented bean sauce	9.1
毒性	dúxìng	toxicity	10.1
堆	duī	store up	1.2
多管闲事	duōguǎnxiánshì	put one's finger in another's pie	11.1
反省	fǎnxǐng	reflect	9.2
反应	fǎnyìng	reaction	5.2
饭店	fàndiàn	restaurant	8.1
方面	fāngmiàn	aspect	6.2
方式	fāngshì	way	8.2
房东	fángdōng	landlord	9.2
放弃	fàngqì	give up	3.1
飞快	fēikuài	fast; quick	11.1
飞檐走壁	fēiyán-zǒubì	leap onto roofs and vault over walls	4.1

飞跃	fēiyuè	leap	4.1
分别	fēnbié	respectively	12.1
分钟	fēnzhōng	minute	7.1
纷纷	fēnfēn	one after another	8.1
氛围	fēnwéi	atmosphere	8.1
风波	fēngbō	storm	9.2
夫妇	fūfù	husband and wife	1.2
夫人	fūrén	wife; Mrs.	1.2
父子	fùzǐ	father and son	5.1
付出	fùchū	pay	6.2
干扰	gānrǎo	interfere; disturb	8.1
肝	gān	liver	10.1
赶上	gǎnshàng	catch up with	5.1
感到	gǎndào	feel	1.2
感觉	gǎnjué	feel	3.2
刚	gāng	just	1.2
高速公路	gāosù gōnglù	highway	11.1
隔壁	gébì	next door	1.2
隔代亲	gédàiqīn	inter-generational love	6.1
根本	gēnběn	at all	12.2
工具	gōngjù	tool	12.1
公寓	gōngyù	apartment	1.2
辜负	gūfù	let down	2.1
古典	gǔdiǎn	classical	3.2
古树	gǔshù	ancient tree	3.2
故乡	gùxiāng	hometown	1.1
顾客	gùkè	client; customer	9.1
惯	guàn	be used to	1.1
柜子	guìzi	cabinet	8.1
果然	guǒrán	indeed as expected	11.2
海狮	hǎishī	sea lion	3.2
海外	hǎiwài	overseas	1.1
海洋	hǎiyáng	sea	3.2

海洋馆	hǎiyángguǎn	aquarium	3.2
寒假	hánjià	winter vacation	5.1
毫不犹豫	háobùyóuyù	without hesitation	2.1
好久	hǎojiǔ	long time	2.2
好玩儿	hǎowánr	fun	3.2
好友	hǎoyǒu	good friend	8.1
好奇	hàoqí	curious	1.1
后悔	hòuhuǐ	regret	11.2
花椒	huājiāo	Chinese prickly ash	9.1
花钱	huā qián	spend money	5.2
华人	huárén	Chinese people	9.2
华裔	huáyì	foreign citizen of Chinese origin	1.1
坏	huài	destroy	5.2
还	huán	return, give back	4.2
回答	huídá	answer	2.1
回头	huítóu	turn one's head; turn round	11.1
回忆	huíyì	recollect	2.1
既	jì	as well as	6.2
既然	jìrán	since	12.2
家常菜	jiāchángcài	simple meal	9.2
假牙	jiǎyá	false tooth	5.2
煎	jiān	fry in shallow oil	9.2
捡	jiǎn	pick up	2.2
减少	jiǎnshǎo	decrease	12.2
见闻	jiànwén	knowledge	11.1
渐渐	jiànjiàn	gradually	8.2
江南	jiāngnán	south of the Yangtze River	3.2
姜	jiāng	ginger	9.2
交往	jiāowǎng	contact	2.1
骄傲	jiāo'ào	pride	7.2
教授	jiàoshòu	professor	2.2
教育	jiàoyù	educate	11.1
接着	jiēzhe	then	7.1

街道	jiēdào	street	1.1
节俭	jiéjiǎn	frugal	5.2
节约	jiéyuē	save	10.2
结构	jiégòu	structure	10.2
金色	jīnsè	golden	7.2
尽管	jǐnguǎn	although	6.1
惊讶	jīngyà	surprised	1.2
警告	jǐnggào	warning	11.1
竟然	jìngrán	unexpected	3.2
巨人	jùrén	giant	3.2
句	jù	measure word used for sentences	5.1
拒绝	jùjué	refuse	2.1
均衡	jūnhéng	balanced	10.2
开头	kāitóu	beginning	12.1
开玩笑	kāi wánxiào	joke	2.1
看不起	kànbuqǐ	look down upon	7.2
科学家	kēxuéjiā	scientist	10.2
棵	kē	measure word used for plants	3.2
咳嗽	késou	cough	10.1
空位	kòngwèi	vacancy	11.2
口袋	kǒudai	pocket	5.2
夸奖	kuājiǎng	praise	7.2
困难	kùnnan	difficulty	3.1
辣椒	làjiāo	pepper	9.1
来往	láiwǎng	contact	1.2
来自	láizì	come from	1.1
老家	lǎojiā	old home; native place	12.2
乐趣	lèqù	fun	12.1
泪光	lèiguāng	tears	5.1
泪水	lèishuǐ	tears	5.1
冷食	lěngshí	cold food	7.1
立	lì	set up	2.2
连锁店	liánsuǒdiàn	chain stores	10.2

脸色	liǎnsè	face	7.2
量	liàng	quantity	12.2
留学	liúxué	study abroad	7.1
流传	liúchuán	spread	9.1
陆续	lùxù	one after another	7.1
录取通知书	lùqǔ tōngzhīshū	admission notice	5.1
乱	luàn	mess	1.2
旅行家	lǚxíngjiā	traveller	3.1
麻	má	numb	9.1
马拉松	mǎlāsōng	Marathon	8.2
骂	mà	curse	5.2
卖力	màilì	hard	4.2
慢悠悠	mànyōuyōu	slow and leisurely	12.2
冒	mào	take	6.1
美食	měishí	choice food	8.1
门铃	ménlíng	doorbell	1.2
迷你	mínǐ	mini	8.2
面孔	miànkǒng	face	5.1
面前	miànqián	front	4.1
明代	Míngdài	Ming Dynasty	3.1
磨炼	móliàn	steel oneself	8.2
陌生	mòshēng	strange; unfamiliar	1.2
母亲	mǔqīn	mother	5.2
母子	mǔzǐ	mother and son	5.2
目的地	mùdìdì	destination	12.1
目光	mùguāng	eyesight	2.1
那么	nàme	like that; in that way; then	5.2
南部	nánbù	southern part	1.1
能量	néngliàng	energy	10.2
尼古丁	nígǔdīng	nicotine	10.1
娘家	niángjiā	married woman's parents' home	6.2
牛肉末	niúròumò	minced beef	9.1
努力	nǔlì	make an effort	7.2

女士	nǚshì	lady	9.2
噢	ō	oh	1.2
欧洲	Ōuzhōu	Europe	6.2
偶然	ǒurán	by chance	4.1
拍照	pāizhào	take a photo	8.1
跑酷	pǎokù	parkour	4.1
啤酒肚	píjiǔdù	beer belly	10.1
品尝	pǐncháng	taste	8.1
平均	píngjūn	average	8.2
平时	píngshí	at ordinary times	2.1
妻子	qīzi	wife	9.1
其次	qícì	second	6.2
其实	qíshí	actually; in fact	1.1
气喘吁吁	qìchuǎnxūxū	out of breath	3.1
气味	qìwèi	smell	9.2
千米	qiānmǐ	kilometer	8.2
千万	qiānwàn	tens of millions	5.1
歉意	qiànyì	sorry	7.1
强力	qiánglì	powerful	9.2
强烈	qiángliè	strong	9.2
强壮	qiángzhuàng	strong	10.2
亲密	qīnmì	intimacy	6.2
亲友	qīnyǒu	relatives and friends	8.1
青少年	qīngshàonián	teenager	6.2
青蒜	qīngsuàn	garlic shoots	9.1
轻松	qīngsōng	easy	5.1
清朝	Qīngcháo	Qing Dynasty	9.1
取	qǔ	take	7.1
取得	qǔdé	gain	4.1
圈	quān	circle	11.2
全程	quánchéng	whole journey	8.2
全球	quánqiú	the whole world	4.2
劝	quàn	advise	10.1

确实	quèshí	indeed	2.1
绕	rào	make a detour	4.1
热菜	rècài	hot dishes	7.1
热带鱼	rèdàiyú	tropical fish	2.1
热情	rèqíng	passion; warmth	7.1
人类	rénlèi	mankind	10.2
认真	rènzhēn	conscientious	4.2
扔	rēng	throw	11.1
如此	rúcǐ	so	6.2
三三两两	sānsān-liǎngliǎng	(gather) in twos and threes	7.1
晒	shài	show	8.1
伤害	shānghài	do harm to	7.2
少年	shàonián	early youth	4.1
舍不得	shěbude	begrudge	5.2
社会	shèhuì	society	4.1
伸	shēn	stretch	12.1
深刻	shēnkè	deep	3.2
神经	shénjīng	nerve	10.1
甚至	shènzhì	even	10.2
失望	shīwàng	disappointment	5.2
湿	shī	wet	6.1
时光	shíguāng	time	8.1
时尚	shíshàng	fashion	8.2
实在	shízài	really	3.1
事故	shìgù	accident	11.1
试验	shìyàn	test	12.1
适合	shìhé	fit; suit	9.2
适应	shìyìng	adapt	12.2
收拾	shōushi	arrange	1.2
收养	shōuyǎng	adopt	2.2
手	shǒu	hand	6.1
受	shòu	receive	9.1
受不了	shòubuliǎo	can not stand	9.2

受到	shòudào	receive	6.1
数据	shùjù	data	8.2
双语	shuāngyǔ	bilingual	12.2
水壶	shuǐhú	kettle	6.1
水花四溅	shuǐhuā sìjiàn	splash	6.1
顺风车	shùnfēngchē	free ride	12.1
说明	shuōmíng	explain; illustrate; show	5.2
说说笑笑	shuōshuōxiàoxiào	speak and laugh	11.1
死亡	sǐwáng	die	2.2
四川话	Sìchuānhuà	Sichuan dialect	12.2
似乎	sìhū	it seems…	11.1
饲养员	sìyǎngyuán	breeder	12.2
素食	sùshí	vegetarian meal	10.2
蒜	suàn	garlic	9.2
随后	suíhòu	then	4.2
随身	suíshēn	have sth. with oneself	1.1
孙子	sūnzi	grandson	6.1
损害	sǔnhài	damage	10.1
所	suǒ	measure word used for universities, hospitals ect	2.2
塔	tǎ	tower	3.2
台阶	táijiē	step	4.1
疼爱	téng'ài	love deeply	6.2
提供	tígōng	provide	10.2
田径	tiánjìng	track and field	8.2
听见	tīngjiàn	hear	5.1
停车位	tíngchēwèi	parking space	11.2
停留	tíngliú	stay	10.2
通道	tōngdào	passageway	3.2
通过	tōngguò	pass	4.1
通信	tōngxìn	communication	12.1
同事	tóngshì	colleague	7.1
突发	tūfā	erupt	2.2

图书	túshū	book	4.2
外地	wàidì	other places	2.1
外语	wàiyǔ	foreign language	1.1
完全	wánquán	complete	4.2
玩具	wánjù	toy	6.1
婉言	wǎnyán	politely	7.1
往常	wǎngcháng	as usual	2.2
危害	wēihài	do harm to	10.1
危险	wēixiǎn	dangerous	11.1
微笑	wēixiào	smile	7.2
味儿	wèir	smell; odour	9.2
胃	wèi	stomach	10.1
窝头	wōtóu	steamed cone-shaped bun of corn, sorghum, etc.	12.2
屋	wū	house	1.2
无论	wúlùn	no matter	6.2
物质	wùzhì	substance	6.2
误区	wùqū	misunderstanding	7.2
西餐	xīcān	Western food	1.1
喜爱	xǐ'ài	love; like	8.2
系统	xìtǒng	system	10.1
细细	xìxì	carefully; in great detail	8.1
鲜	xiān	fresh	9.1
嫌	xián	dislike; grudge	11.1
现代	xiàndài	modern times	4.1
线	xiàn	line	12.1
相处	xiāngchǔ	get along	1.2
相互	xiānghù	each other	1.2
相信	xiāngxìn	believe	12.2
香	xiāng	smell good	9.1
香烟	xiāngyān	cigarette	10.1
镶牙	xiāngyá	put in a false tooth	5.2
享受	xiǎngshòu	enjoy	8.1

向导	xiàngdǎo	guide	12.1
相机	xiàngjī	camera	1.1
消耗	xiāohào	consume	10.2
小吃	xiǎochī	snack	3.2
小区	xiǎoqū	housing development	11.2
小溪	xiǎoxī	brook, stream	1.1
小镇	xiǎozhèn	town	1.1
协会	xiéhuì	association	8.2
协议	xiéyì	agreement	12.2
谢绝	xièjué	decline	7.1
心	xīn	heart	6.1
心情	xīnqíng	mood	11.1
心脏病	xīnzàngbìng	heart disease	2.2
信号	xìnhào	signal	8.1
信任	xìnrèn	trust	2.1
行李	xíngli	luggage	1.2
幸运	xìngyùn	lucky	8.2
修道院	xiūdàoyuàn	monastery; convent	8.1
畜牧业	xùmùyè	animal husbandry	10.2
旋转	xuánzhuǎn	rotate; revolve	3.2
押金	yājīn	advance payment	5.2
牙齿	yáchǐ	tooth	5.2
亚洲	Yàzhōu	Asia	3.2
严厉	yánlì	severe; strict	6.1
研究	yánjiū	research	10.2
摇头	yáotóu	shake one's head	11.2
遥远	yáoyuǎn	distant	8.2
钥匙	yàoshi	key	2.1
业余	yèyú	amateur	4.1
依靠	yīkào	rely on	12.1
一大早	yídàzǎo	early in the morning	4.2
一切	yíqiè	everything	1.1
意志	yìzhì	will	8.2

印象	yìnxiàng	impression	3.2
营养	yíngyǎng	nutrition	10.2
用餐	yòngcān	have dinner	7.1
尤其	yóuqí	especially	10.2
由来	yóulái	origin	9.1
油烟	yóuyān	cooking smoke	9.2
与	yǔ	and	5.2
与众不同	yǔzhòng-bùtóng	out of the ordinary	9.1
语言	yǔyán	language	12.2
园林	yuánlín	garden	3.2
原位	yuánwèi	normal position	4.2
原因	yuányīn	reason	10.1
远离	yuǎnlí	stay away from	10.1
允许	yǔnxǔ	allow	4.2
运输	yùnshū	transport	9.1
赞不绝口	zànbùjuékǒu	be full of praise	9.1
造成	zàochéng	cause	7.2
增加	zēngjiā	increase	12.2
增长	zēngzhǎng	increase	8.2
炸	zhá	fry in deep fat or oil	9.2
长大	zhǎngdà	grow up	1.1
照顾	zhàogù	take care of	2.1
者	zhě	people	4.1
整个	zhěnggè	whole	3.2
整洁	zhěngjié	clean and tidy	1.1
整理	zhěnglǐ	straighten out	4.2
正当	zhèngdāng	when	5.2
正式	zhèngshì	formal	4.1
之后	zhīhòu	after	7.2
之间	zhījiān	between	5.1
之外	zhīwài	besides	6.2
值得	zhídé	be worth	7.2
值钱	zhíqián	valuable	2.1

只好	zhǐhǎo	have to	5.2
指南	zhǐnán	handbook	12.1
中部	zhōngbù	middle	8.1
中年	zhōngnián	middle age	1.2
忠诚	zhōngchéng	faithful	2.2
重	zhòng	heavy	3.1
周围	zhōuwéi	around	7.1
主动	zhǔdòng	on one's own initiative	2.2
主管	zhǔguǎn	person in charge; in charge of	4.2
主人	zhǔrén	hostess; host	7.1
住户	zhùhù	household	1.2
著名	zhùmíng	famous	3.1
专心	zhuānxīn	concentrate one's attention	8.1
转学	zhuǎnxué	transfer to another school	4.2
准时	zhǔnshí	on time	2.2
资源	zīyuán	resource	10.2
自从	zìcóng	since	6.1
自信	zìxìn	self-confident	4.1
自助餐	zìzhùcān	buffet	8.1
字母	zìmǔ	alphabet letter	12.1
纵容	zòngróng	tolerate	6.1
租	zū	rent	9.2
阻止	zǔzhǐ	stop	11.1
嘴	zuǐ	mouth	6.1